济南市博物馆

精品陈列选粹

BOUTIQUE DISPLAY

济南市博物馆 编

方志出版社
Publishing House of Local Records

《济南市博物馆精品陈列选粹》
编　委　会

主　　编：何　民
副 主 编：张　雯　李　晶　刘小漪
总体设计：张　雯
内容设计：孟　梅
版式设计：刘小漪
摄　　影：孙忠梁

序

“文物承载灿烂文明，传承历史文化，维系民族精神，是老祖宗留给我们的宝贵遗产”“让文物说话、把历史智慧告诉人们”，习近平总书记这些精辟的论断和指示，为文博工作指明了方向，提出了新任务、新目标，赋予了新的使命。

济南是一座历史文化古城，是东夷文明的发祥地。章丘西河遗址、小荆山遗址的发现，证明距今8500年前的新石器时代早期，济南就有了人类居住繁衍的印记。目前，济南市博物馆作为地方历史文化的守护者、继承者、传播者，馆藏文物日益丰富，这些珍贵文物真实记载了济南历史文化的灿烂和辉煌。为充分发挥博物馆社会职能，让文物说话，讲好济南历史故事，让广大公众领略文物风采，汲取民族文化精髓，济南市博物馆充分利用馆藏文物资源，先后成功举办了《宝马华车 金钟嘉磬——洛庄汉墓首期出土文物精品展》《古城辉煌——济南历史暨馆藏文物展览》《济南县西巷出土佛教造像精品展》《古瓷寻珍——馆藏瓷器精品展》《泺源华章——济南城市考古成果展》《瑞玉呈祥——古代玉器臻品展》《正本溯源——馆藏明清书画真伪对比展》等数百个内容丰富的陈列展览，深受观众喜爱，得到了业界专家和社会公众的广泛好评，取得了良好的社会效益。历史陈列展、文物精品展、特色专题展、基层流动展，互为补充，相得益彰，形成了济南市博物馆一套合理的陈列展览服务体系。

2018年是贯彻落实十九大精神的开局之年，是博物馆免费开放政策实施第10周年，也是济南市博物馆成立60周年。值此喜庆之年，我们从近几年的展览中遴选出具有代表性的精品陈列，编纂出版《济南市博物馆精品陈列选粹》一书，呈献给广大读者。本书以文物展览为脉络，融知识性、艺术性、趣味性、普及性为一体，内容浓缩历史精华，珍品荟萃、立意鲜明、雅俗共赏；形式设计上理念创新、风格独特、不落窠臼。它是博物馆工作者辛勤劳动的结晶，是策展团队敬业精神的体现，是文物保护和利用成果的集中展示，也是充分发挥博物馆教育基地作用的有力见证。

《济南市博物馆精品陈列选粹》一书的出版，宣传了文物保护成果，扩大了社会对历史文化的认知，增强了博物馆文化的感召力和影响力，增进了广大公众对家乡及其灿烂文化的挚爱和自豪感，也将激励我们文博工作者以十九大精神为指导，改革创新，“以古人之规矩，开自己之生面”。通过对陈列展览的理论和实践的积极探索，提升陈列展览的时代意识、社会意识、服务意识，真正做到“让收藏在禁宫里的文物、陈列在广阔大地上的遗产、书写在古籍里的文字都活起来”，为济南文化事业的发展做出贡献。

济南市博物馆馆长

二〇一八年五月

CONTENTE

目　录

精品陈列选粹

古城輝煌

——济南历史暨馆藏文物展览

前　言

济南市，既是山东省的省会，又是一座历史文化名城。

它是美丽的：南依泰山北麓的秀丽群山叠岭，北临滔滔东流的黄河。茂密的山林涵养了丰沛的水源。在市中心涌出四大泉群，以趵突泉为首的七十二名泉，以“家家泉水，户户垂杨”而名闻天下。泉水汇成了大明湖，发源为长达六七百里的小清河—— 一条通海长河的源头居然是在繁华大城市的中心，可称世界之最。

它是悠久的：距今五千年前，东夷文明在此兴起，在众多的古文化遗址中，以章丘西河、小荆山的八、九千年的后李文化最早，以龙山镇的四千多年前的龙山文化因成为学术界的典型而驰名世界。上古东夷领袖大舜就曾在历山（又名千佛山）躬耕，他的孝友仁爱的品德受到人民的拥戴，成为儒家的理想——天下为公，世界大同的典范。济南在周朝处于齐、鲁之间，鲁国是儒家发祥地，齐国是百家争鸣的重镇，齐鲁文化的交汇，使济南形成了鲁国的仁德和齐国的才华相结合的优秀的文化品格。

它是文明昌盛的：地处济南的周代谭国《大东》诗篇，选进我国最早的诗集《诗经》。战国的阴阳五行学派大师邹衍的坟墓就在章丘。名医扁鹊的故里是长清的卢地。秦始皇焚书之后，是济南伏生保存了《尚书》史籍，使儒学在汉代重现辉煌，流传千古。佛教大师唐朝的义净出生在长清，曾远渡重洋，赴印度取经，并主持翻译了四百多卷佛经；与法显、玄奘并列为三大中印交流使者。济南历代名人辈出，如宋代的李清照、辛弃疾，元代的张养浩、张起岩，明代的李攀龙，李开先，清代的周永年、马国翰等都在文学和学术领域作出杰出贡献。此外汉代的青年政治家终军的安抚南粤，唐代名相房玄龄与名将秦叔宝、段志玄等三人曾并列于凌烟阁的开国二十四功臣之中。杜甫的“济南名士多”的名句绝非溢美之辞，而是客观的评价。

它的文物是精美而丰富的：汉代的济南就专设工官和铁官。汉章帝珍爱的三把宝剑的椎成剑就产于历城。最近洛庄汉王陵和济北王陵所出土器皿的技艺水平更是高超绝伦。宋代“济南刘家功夫针铺”的“以白兔为记”的广告铜印版，是世界目前现存最早的商标广告实物，足证当时经济的繁荣。在造型艺术方面，西汉的彩绘乐舞杂技陶俑，东汉孝堂山石祠及汉画像石，唐代千佛崖石窟造像，宋代灵岩寺的罗汉泥塑，以及隋代的四门塔，唐代的九顶塔，宋代的辟支塔等都是世界级的旷世珍宝。

本馆以《古城辉煌》为题的展览，将使您打开灿烂优美的画卷；宛如使您走进一座古色古香的历史隧道；它的玫瑰斑斓的展品，将使您更加强了建设辉煌未来的信心。

号称“泉城”的济南的历史是古老的，文化是深厚的，这座黄河下游的文化名城的未来更是无限美好的。

徐北文

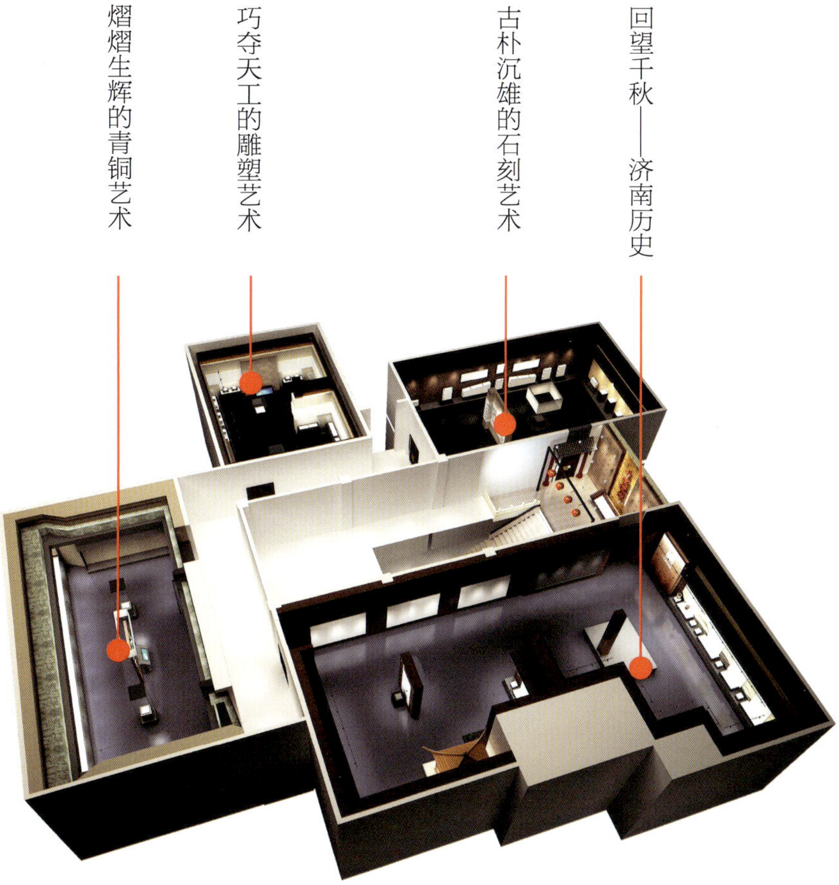

回望千秋——济南历史
古朴沉雄的石刻艺术
巧夺天工的雕塑艺术
熠熠生辉的青铜艺术

回望千秋
济南历史展

对话历史

器物
纹样

雕塑艺术

兵器

古朴沉雄的——
石刻艺术

◎新石器时代大汶口文化·彩陶盉

Dawenkou Culture of the Neolithic Age · Painted Pottery Wine Serving Vessel

高 14.2 厘米　口径 8.5 厘米　底径 7.4 厘米

◎新石器时代大汶口文化·白陶背壶

Dawenkou Culture of the Neolithic Age · White Pottery Water-carrying Pot

高 20 厘米　口径 10.8 厘米　底径 6.8 厘米

◎ **商代·亚丑罍**

Shang Dynasty · Bronze Wine Serving Vessel of the Yachou Clan

通高 42 厘米　口径 13.4 厘米

◎西周·善夫吉父鬲

Western Zhou Dynasty · Bronze Cooking Pot Made by Shanfuji

高 12.5 厘米　口径 16.95 厘米

◎西汉·彩绘乐舞杂技陶俑

Western Han Dynasty · Painted Pottery Figurines of Dancers and Acrobats

长 67.5 厘米　宽 47.5 厘米　高 22.7 厘米

◎ 西汉 · 彩绘载人载鼎陶鸟

Western Han Dynasty · Painted Pottery Bird Carrying Men and Dings

通高 53.5 厘米　宽 45 厘米

◎ 西汉・彩绘负壶陶鸟

Western Han Dynasty · Painted Pottery Bird Carrying Pots

通高 52.9 厘米　宽 43.5 厘米

◎西晋·青釉印花钵

Western Jin Dynasty · Green Glazed Bowl with Floral Pattern

高 5 厘米　口径 15.2 厘米　底径 8 厘米

◎南北朝·玉冠

Northern and Southern Dynasties · Jade Crown

长 11.63 厘米　宽 6.41 厘米　高 6.86 厘米

◎隋代·青釉三蛇柄执壶

Sui Dynasty · Green Glazed Ewer with Snake-shaped Handle

高 15.4 厘米　口径 5 厘米　足径 6.5 厘米

◎五代·白釉执壶

Five Dynasties · White Glazed Ewer

高 28.8 厘米　口径 15.3 厘米　足径 8 厘米

◎唐代 · 三彩带盖三足炉

Tang Dynasty · Footed Sancai Jar with Lid

通高 21.3 厘米　口径 13.4 厘米

◎唐代·金银平脱铜镜

Tang Dynasty · Bronze Mirror Made with Gold and Sliver Flushing-exposure Workmanship

直径 19 厘米

◎唐代·彩绘透雕仙人凤鸟车

Tang Dynasty · Painted Openwork Carving Pottery Carriage with Immortals and Phoenix

长 53.3 厘米　宽 19.5 厘米　高 28 厘米

◎宋代·白釉女俑

Song Dynasty · White Glazed Woman Figurine

高 3. 95 厘米

◎宋代·影青壁灯

Song Dynasty · Yingqing Porcelain Wall Lamp

通高 9.8 厘米　口径 3 厘米　宽 10 厘米

◎宋代·白釉盖罐

Song Dynasty · White Glazed Jar with Lid

通高 7.8 厘米　口径 4.5 厘米　足径 4.3 厘米

◎ 金代·白釉剔花瓷枕

Jin Dynasty · White Glazed Porcelain Pillow with Cut Decoration

长 32.3 厘米　宽 13.5 厘米　高 9.3 厘米

◎元代·木雕力士像

Yuan Dynasty · Wood Carving Figurine of a Strongman

高 26 厘米　宽 18.5 厘米　厚 9.1 厘米

◎元代·钧釉荷叶式盖罐

Yuan Dynasty · Jun Glazed Jar with Lotus Leaf Shaped Lid

通高 24.4 厘米　口径 9.8 厘米　足径 8.8 厘米

◎明代·鎏金铜佛像

Ming Dynasty · Gilded Bronze Buddha Statue

高 24.5 厘米

◎明代·圆雕立身象牙寿星

Ming Dynasty · Round Carving Standing Ivory God of Longevity

高 19.8 厘米

◎明代·仿宋哥釉铁花钵式炉

Ming Dynasty · Bowl Shaped Jar with Iron Floral Decoration Imitating Ge Glaze in Song Dynasty

高 11 厘米　口径 18.9 厘米　足径 12.7 厘米

◎明代・象牙黄釉花口杯

Ming Dynasty · Ivory Yellow Glazed Cup with Flower Petal Shaped Rim

高 6.2 厘米　口长 10 厘米　口宽 7.6 厘米

◎清代·嘉庆款红彩八宝纹花觚

Qing Dynasty · Red Porcelain Wine Vessel with Ashtamangala Pattern the style of Jiaqing Era

高 29 厘米　口径 16 厘米　足径 12.6 厘米

◎清代 · 嵌宝石五子闹佛

Qing Dynasty · Jewel-studded Statue Featuring Five Kids Teasing Maitreya Bodhisattva

长 24.6 厘米　宽 11.7 厘米　高 13.8 厘米

◎清代·乾隆松石釉粉彩花卉纹碗

Qing Dynasty · Turquoise Glazed Famille Rose Porcelain Bowl with Floral Pattern

高 7.9 厘米　口径 17.5 厘米　足径 7 厘米

◎清代・毕荣九内画鼻烟壶

Qing Dynasty · Snuff Bottle with Inner Paintings Made by Bi Rongjiu

通高 6.8 厘米　宽 3.4 厘米　厚 1.6 厘米

◎清代・玛瑙巧做枫叶双鸟瓶

Qing Dynasty · Skillfully Made Agate Vase with Maple Leaves and Double Birds Decoration

通高 11.5 厘米　口径 2.6 厘米　宽 7 厘米　厚 7.4 厘米

瓷韵溢彩

——馆藏古代瓷盘臻品展

前　言

中国瓷器的历史源远流长。原始瓷出现于我国青铜时代；青瓷的烧成始于汉代；到宋代制瓷技术已是辉煌繁荣；清代更是集历代之大成的时代。

瓷器的出现，在我国文明史上具有重要意义。它比陶器坚固耐用，又远比青铜和漆器造价低廉，且原料蕴藏丰富，分布广泛。因此，瓷器出现后，很快便成为人们最喜爱的日常生活用具。

瓷盘是日常生活用品中最常见的一类。盘的作用毋庸赘言。作为餐具它不可或缺，作为摆件它又别具一格。瓷器以其如冰类雪、晶莹华美，几千年来备受人们青睐，因此，古人留存至今的瓷盘，已不再是箸下之物而是席上之珍了。

今将济南市博物馆珍藏的部分古代瓷盘精品，展示给广大观众，以此传播历史知识，弘扬民族文化，望大家观之、品之、悦之！

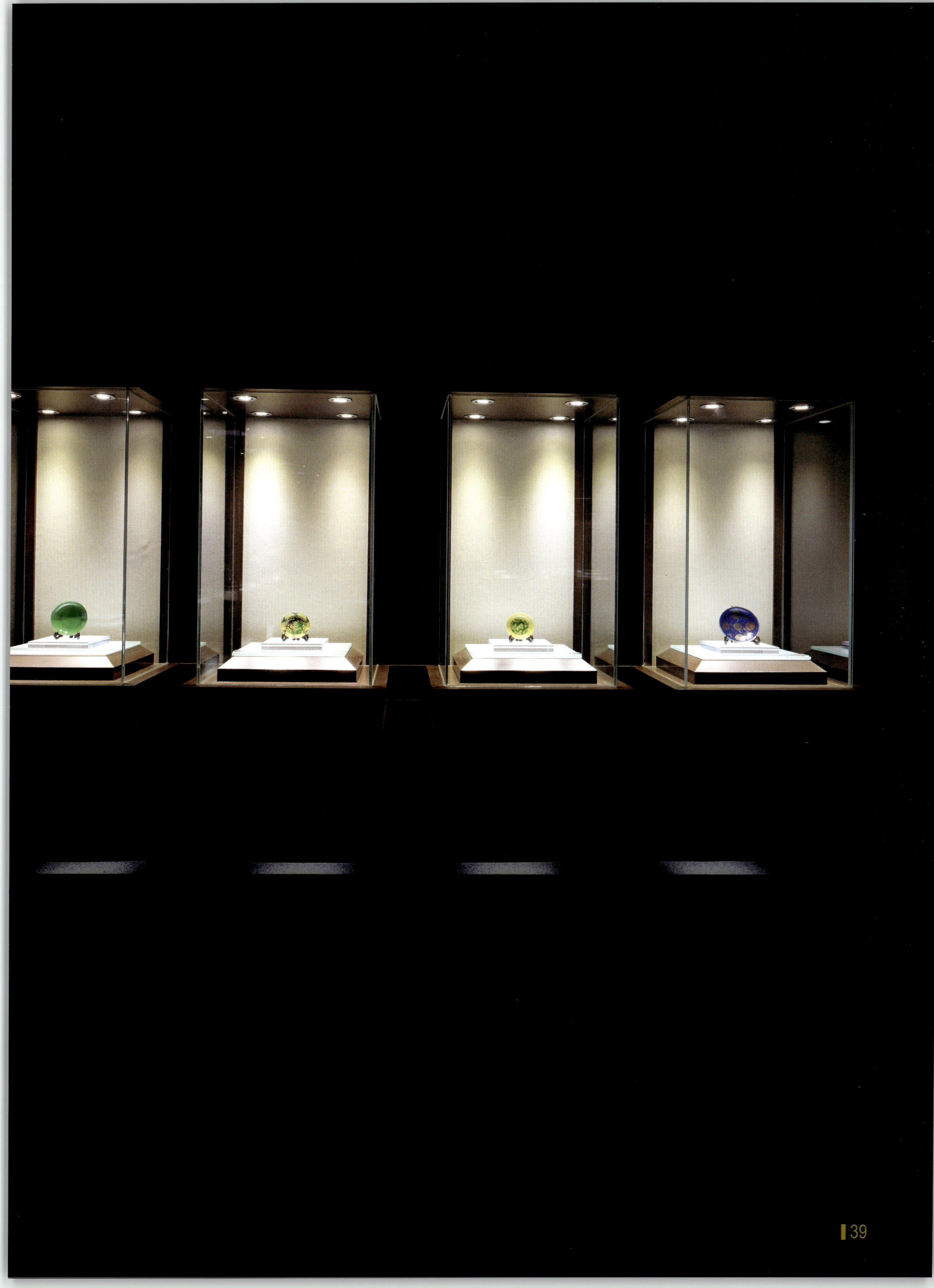

清光绪 • 红彩云龙纹盘
Guangxu Period of Qing Dynasty • Plate with a red cloud dragon pattern
清光緒・紅彩雲龍文盤（しん・こうしょ・こうさいうんりゅうもんばん）

云龙纹

龙纹是中国陶瓷经典纹样之一，包括云龙纹、海水龙纹等各式由龙题材组合而成的纹饰。龙纹出现很早，史前时代便被用作为陶器的装饰。随着时间推移，其形态不断发生变化，从最初凶猛威严到逐步变得和善，龙纹已成为民间喜闻乐见的装饰题材。云龙纹作为龙纹样式之一，其构图以龙和云组成。龙纹为主，云纹为辅，龙作疾驰状或舞动的形态。唐宋便已出现，元、明、清更为多见。

轧道工艺

所谓轧道，又叫雕地。是先在瓷器白胎上均匀施一层色料，如红、黄、紫、胭脂红等，再在色料上用一种状如锈花针的工具，拨划出细如毫芒、宛如锦纹的凤尾状纹，最后配以花鸟、山水等图饰或开光图饰。为清代乾隆时期创制的新型装饰技法。

在轧道地上绘花卉图案，具有铜胎画珐琅的效果。此种工艺颇为费工，清宫内务府记事档中称这种新创纹饰为『锦上添花』，景德镇艺人谓『扒花』。

青花瓷

釉下彩品种之一，又叫白釉蓝花。以含氧化钴的青料在坯胎上绘画，罩以透明釉，经高温烧成。青花瓷釉素雅高洁，花纹青翠欲滴，颇具中国传统水墨画风格。加之它采用釉下工艺，具有无毒、耐磨损、易清洗等特点，长久以来被广泛的用于日用瓷和陈设瓷的装饰。

青花瓷的烧制最早出现在唐代的巩义窑，到了元代，景德镇烧制的青花瓷已臻成熟，明清两代时，青花瓷已成为瓷器生产的主流。

粉彩

清代创烧的一种彩瓷。因彩料中含有『玻璃白』粉而得名。其烘烧时温度较五彩低，色彩比五彩柔和，因此又称『软彩』。『玻璃白』粉实际上是一种含砷的乳白色玻璃质，在彩绘时有重要作用。可将各种彩『粉化』使红者呈粉红，绿者呈粉绿。采用国画中的渲染手法彩绘纹饰，画面上表现出正、倒、仰、俯、翻、转的变化，因而立体感强。其烧制方法，在高温烧成的白釉瓷器的釉面上彩绘，再经低温烘烧而成。初创于清康熙晚年，雍正时期最精致，乾隆及其以后继续发展，成为主要彩瓷。

瓷盘经典式样

五代·越窑葵口盘

明代·青花莲瓣盘

清乾隆·青花云鹤爵盘

清雍正·姜黄菊瓣盘

清代·粉彩人物高足盘（一对）

民国·粉彩攒盘

清乾隆·黄地轧道粉彩花卉盘

◎明宣德·青花束莲纹盘

Xuande Era of Ming Dynasty · Blue and White Porcelain Plate with Pattern of a Bunch of Lotus

高 7.3 厘米　口径 40.5 厘米　足径 29 厘米

◎明代・龙泉窑暗花云龙纹大盘

Ming Dynasty · Longquan Celadon Large Porcelain Plate with Hidden Veins and Cloud Dragon Pattern

高 6.3 厘米　口径 44 厘米　足径 32.2 厘米

◎清康熙·黄釉素三彩云龙纹盘

Kangxi Era of Qing Dynasty · Yellow Glazed Plain Tricolor Porcelain Plate with Cloud Dragon Pattern

高 2.2 厘米　口径 10.9 厘米　足径 6.9 厘米

◎清乾隆·蓝釉粉彩花鸟纹盘

Qianlong Era of Qing Dynasty · Blue Glazed Famille Rose Porcelain Plate with Flower and Bird Pattern

高 4.3 厘米　口径 26.4 厘米　足径 16.7 厘米

◎清乾隆·紫釉珐琅彩花卉纹盘

Qianlong Era of Qing Dynasty · Purple Glazed Color Enamel Porcelain Plate with Flower Pattern

高 4. 8 厘米　口径 24. 2 厘米　足径 14. 5 厘米

◎清光绪·黄釉蝴蝶花卉纹盘

Guangxu Era of Qing Dynasty · Yellow Glazed Porcelain Plate with Butterfly and Flower Pattern

高 3. 6 厘米　口径 30. 5 厘米　足径 18. 2 厘米

◎清同治·五彩龙凤纹大盘

Tongzhi Era of Qing Dynasty · Multicolored Large Porcelain Plate with Dragon and Phoenix Pattern

高 5.2 厘米　口径 33.5 厘米　足径 21 厘米

◎清光绪·红彩云龙纹盘

Guangxu Era of Qing Dynasty · Red Porcelain Plate with Cloud Dragon Pattern

高 5.2 厘米　口径 34.5 厘米　足径 12.5 厘米

案上珍萃

——馆藏古代文房用具精品展

前　言

中国文房之道，兴起于宋代，盛行于明清，种类繁多且造型奇巧别致。以笔、墨、纸、砚四宝为主体，兼佐笔筒、笔洗、镇纸、砚匣、水盂、臂搁等诸多辅助的书写工具，是古代文人雅士们案头必备之物。

古代文房用具虽多为小器，大不盈尺，小不足寸，但其材质、造型却十分繁丰，题材也更为广泛，制艺功力深厚，诸多文房精品更是炉火纯青、才精工绝。从实用性能到艺术审美，无不凝结着古代文人的文化素养和审美观念，极具丰富的文化内涵和积淀。这些案头小品，不仅是文人情趣雅好的反映，也是中国古代工艺美术成就的缩影。它们从古至今，随着社会的发展，渐渐由实用品演变为精美的工艺品，并且在各个时代呈现出不同的特色，出现了诸多精美绝伦的旷世佳作。

此次展出了我馆珍藏的部分明清时期的文房用具，种类繁多，质精形美，雕琢精妙。有些藏品是首次对外展出。学习知识、提高品位、完善修养，热爱我们祖国优秀的传统文化是我们举办此展的目的和愿望。希望我们共同学习和进步，提高生活质量，共建和谐社会。

一生知己是梅花

印章

文房四宝

『文房四宝』是指笔、墨、纸、砚。『文房』一词最早出现于南北朝，指官府掌管文书的部门。唐代以后，专指文人书房。首先把笔、墨、纸、砚称为『文房四宝』的是北宋的苏易简。苏氏曾经撰著过《文房四宝谱》一书，书中分别叙述笔、墨、纸、砚的原委本末及其故实，『文房四宝』便也因此而得了名。

历史上，『文房四宝』所指之物屡有变化。在南唐时，『文房四宝』特指诸葛笔、徽州李廷圭墨、澄心堂纸，江西婺源龙尾砚。而自宋朝以来『文房四宝』则特指湖笔（浙江湖州）、徽墨（安徽徽州）、宣纸（安徽宣州）、端砚（广东肇庆，古称端州）。

『文房四宝』中的笔、墨、纸、砚，除纸出现较晚外，其余都有数千年的悠久历史。四宝品类繁多，丰富多彩，名品名师，见诸载籍。

笔

毛笔，是我国古代传统的书写工具，更是古代文人表达中国书法、绘画韵致不可替代之利器，属中国独有品类，所以它一直居于文房四宝之首。

笔的产生可以追溯到五千多年以前。到春秋战国时期，各国都已经制作和使用书写用笔了。那时笔的名称繁多，秦始皇统一全国以后，『笔』就成了定名，一直沿用至今。毛笔形体虽小，但制作非常讲究。需经选料、采毛等数十道工序。由于毛笔是由动物纤维制成，难以长久保存，故完整的古笔传世极少，除少数发掘品外，能见到的明清毛笔，已可算得上是稀世珍宝。

墨

墨是文房四宝之一，它不仅实用，而且也是一件融绘画、书法、雕刻于一体的艺术品，具有收藏和鉴赏的双重价值，在中国文化史上有着重要的作用。墨的历史久远，目前考古发现的最早墨远在新石器时代。墨的品种繁多，大致可按照制墨的原料划分为松烟墨、桐烟墨、漆烟墨、油烟墨等。古代制墨全部采用手工制作，主要工序有炼烟、和料、制作、晾干、描金等。

纸

纸是中国古代四大发明之一，造纸术与指南针、火药、印刷术一起，为中国古代文化的繁荣提供了物质技术的基础。纸的发明结束了古代简牍繁复的历史，大大地促进了文化的传播与发展。

世界上纸的品种虽然以千万计，但『宣纸』仍然是供毛笔书画用的独特的手工纸。现存的我国古书画作品，大部分都是用宣纸创作并裱装的，有的历经上千年，至今仍然色泽清高，质地完好。

砚

砚，也称『砚台』，是中国传统文房用具，始于汉代。在『文房四宝』之中，砚为『四宝』之首，这是由于它质地坚实，能传之百代的缘故。中国四大名砚之称始于唐代，它们是端砚、歙砚、洮砚、红丝砚。宋代澄泥砚兴起。今日称之为四大名砚的是端砚、歙砚、洮砚、澄泥砚。事实上，中国古砚品种繁多，远不止此，如有易水砚、松花石砚、红丝石砚、砣矶石砚、菊花石砚外，还有玉砚、玉杂石砚、瓦砚、漆沙砚、铁砚、瓷砚等，共几十种，在砚史上均占有一席之地。

◎清代·象牙雕花毛笔

Qing Dynasty · Carved Ivory Writing Brush

长22厘米

◎清代·双燕玉笔掭

Qing Dynasty · Jade Writing Brush Dipping Vessel with Double Swallows

长 5.93 厘米　宽 4.82 厘米　高 1.15 厘米

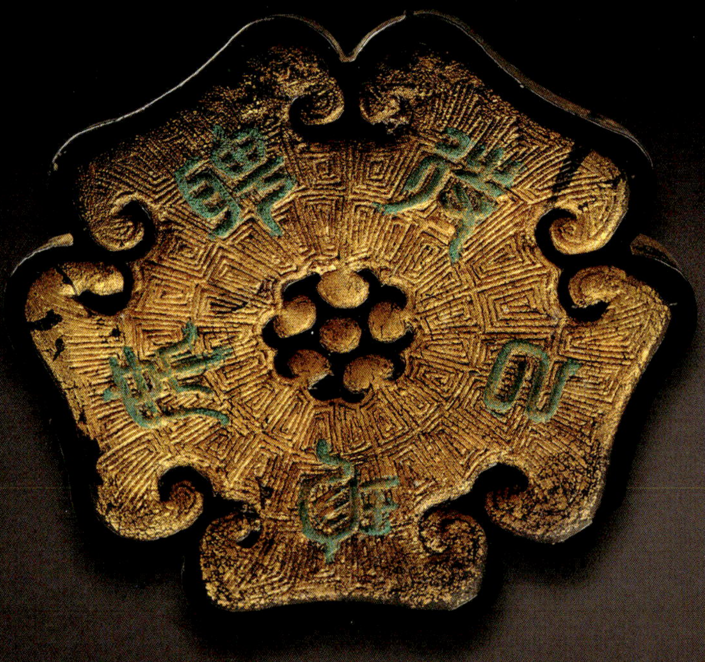

◎清康熙·溅金五棱宝笏斋清玩墨

Kangxi Era of Qing Dynasty · Gilded Ink with Five Edges Made by Baohuzhai

直径 3.7 厘米　厚 0.7 厘米

◎清代・乾隆三十年汪节庵造书匣形墨

Qing Dynasty · Book Case Shaped Ink Made by Wangjiean in the thirtieth year of Qianlong

长8厘米　宽3.5厘米　厚1.3厘米

◎清代·高凤翰刻铭天鹅纹随形端砚

Qing Dynasty · Profile-followed Duan Inkstone with Swan Pattern and inscription carved by Gao Fenghan

长 20.4 厘米　宽 13.05 厘米　高 2.2 厘米

◎清代・高凤翰刻铭天鹅纹随形端砚（砚背／砚侧）

Qing Dynasty · Profile-followed Duan Inkstone with Swan Pattern and inscription carved by Gao Fenghan

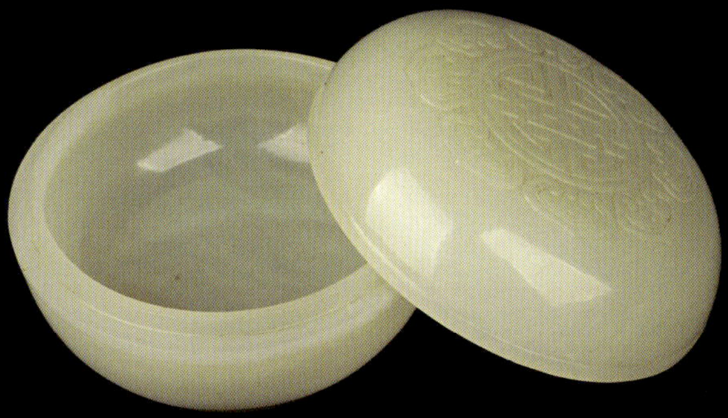

◎清代·白玉寿纹圆印盒

Qing Dynasty · White Jade Round Inkpad Box with the Pattern of "Shou" Character

高 4.3 厘米　口径 7.23 厘米　底径 4.71 厘米

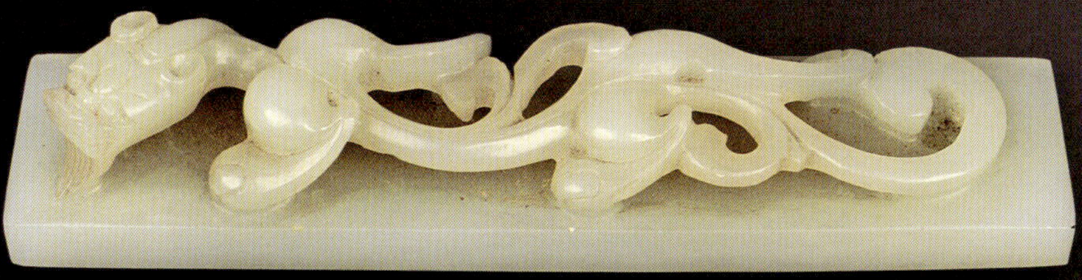

◎清代·玉螭镇纸

Qing Dynasty · Jade Li Dragon Paperweight

长 12.1 厘米　宽 2.63 厘米　高 2.29 厘米

◎清代·五彩人物笔筒

Qing Dynasty · Multicolored Pen Holder Featuring Figures

高 12.5 厘米　口径 10.4 厘米　底径 10.6 厘米

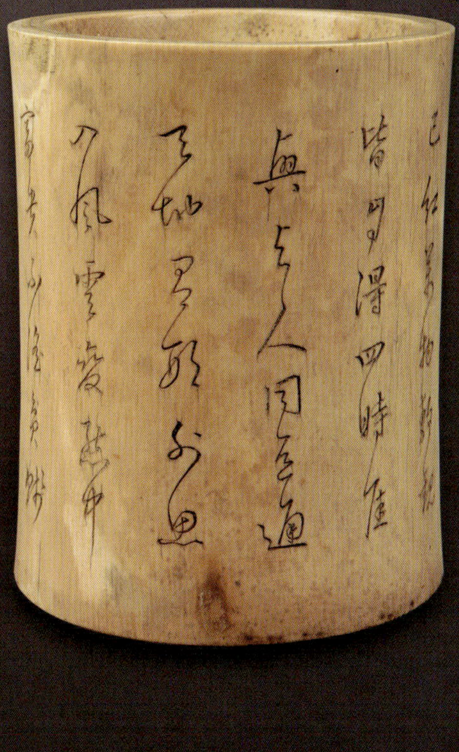

◎清康熙·象牙刻字笔筒

Kangxi Era of Qing Dynasty · Ivory Pen Holder with Engraved Characters

高 13.9 厘米　口径 10.7 厘米　底径 11 厘米

博物馆里的宝

——馆藏明清山水画展

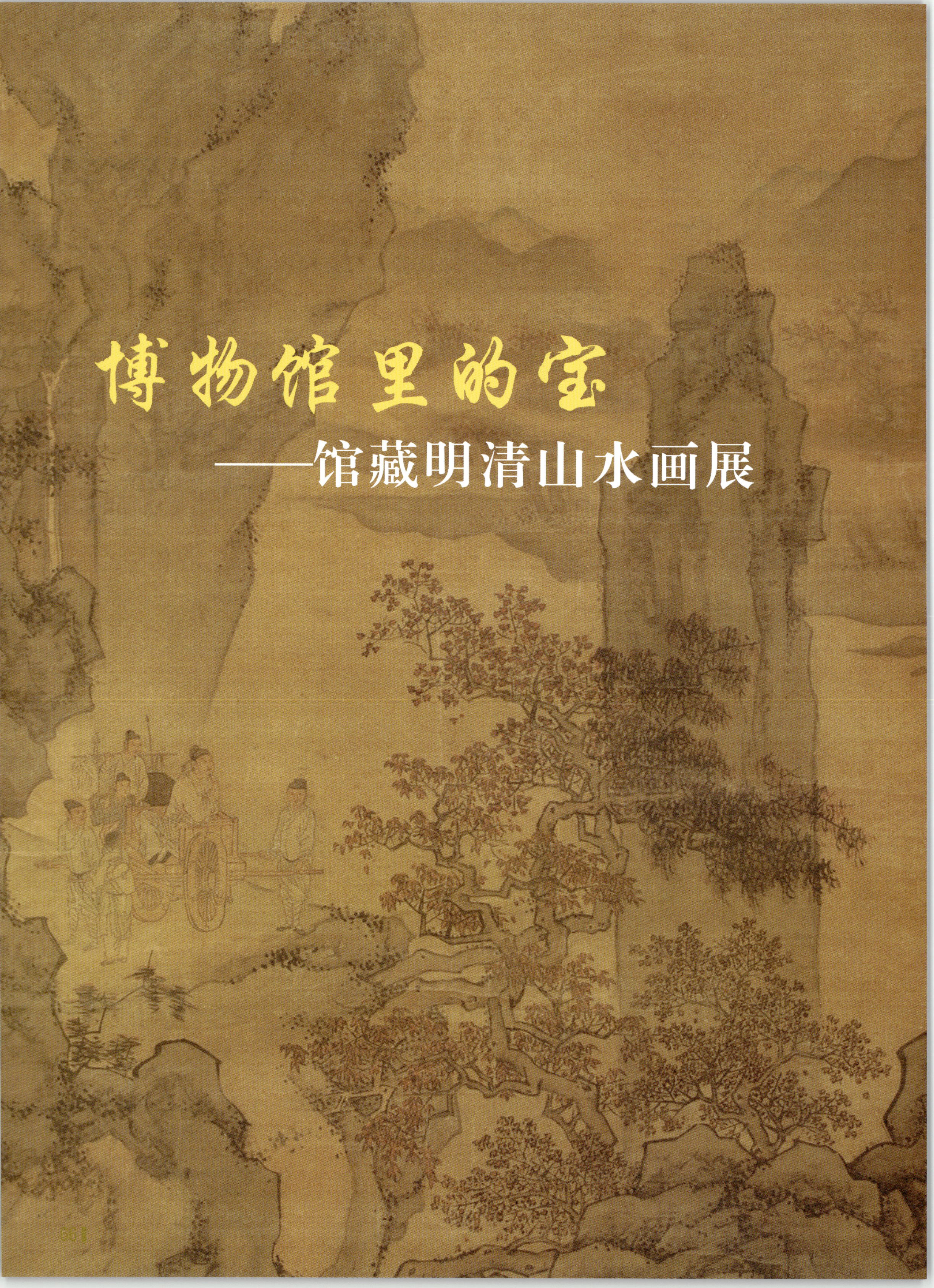

前　言

山水画，是以描写山川自然景色为主体的绘画。中国古代山水画形成于魏晋南北朝时期，后经历代画师的创新和发展，逐渐形成了独具中国特色的画风。山水画在描绘物象上，主要运用线条、墨色来表现形体、质感，有着高度的表现力，并与诗词、款赋、书法篆刻艺术相结合，以达到形神兼备、气韵生动的效果。历史上，山水画名家层出不穷，作品更是灿若繁星。

明清山水画，是中国山水画发展史上的一个高峰，深具“意象之美”。核心是“妙在似与不似之间”，其要旨是“形神兼备，尤重神似”。爱好溪山为写真，泼将水墨见精神。

谨将济南市博物馆馆藏的明清山水画，择其珍品组成此展，奉献给广大的观众，其中多幅作品是第一次向观众展示，包括王谔、王铎、石涛、王翚等明清书画大师的佳作，让更多的人品味和欣赏明清山水画独特的艺术魅力，领悟山川内在之神韵。

博物馆里的宝
——馆藏明清山水画展
请勿触摸玻璃

◎王谔《月下吹箫图》轴·明代（1368–1644）

Wang E, the "Playing Xiao in the Moonlight" scroll·Ming Dynasty

绢本设色／画芯尺寸：纵 183.5 厘米　横 99 厘米

◎陆治《霜落平川图》轴·明代（1368–1644）

Lu Zhi, the "Frost on the Plain" scroll · Ming Dynasty

纸本设色／画芯尺寸：纵 73 厘米　横 37.5 厘米

◎ **谢时臣《西湖春晓图》轴·明代（1368–1644）**

Xie Shichen, the "A Spring Morning by the West Lake" scroll · Ming Dynasty

绢本设色 / 画芯尺寸：纵 279 厘米　横 105 厘米

◎**蓝孟《山水图》轴·清代（1644–1911）**

Lan Meng, the "Landscape" scroll · Qing Dynasty

绢本设色／画芯尺寸：纵 153 厘米　横 46.5 厘米

◎王鉴《山水图》轴·清代（1644–1911）

Wang Jian, the "Landscape" scroll · Qing Dynasty

纸本水墨 / 画芯尺寸：纵 68.5 厘米　横 37.5 厘米

◎沈广濡《山水图》轴·清代（1644–1911）

Shen Guangru, the "Landscape" scroll · Qing Dynasty

绢本水墨／画芯尺寸：纵 171.5 厘米　横 51.5 厘米

◎张宗苍《山水图》轴·清代（1644–1911）

Zhang Zongcang, the "Landscape" scroll · Qing Dynasty

纸本设色／画芯尺寸：纵 105 厘米　横 54 厘米

◎董邦达《月净松溪图》轴·清代（1644–1911）

Dong Bangda, the "Moon, Pine trees and Brook" scroll · Qing Dynasty

纸本水墨 / 画芯尺寸：纵 139 厘米　横 65 厘米

◎张士保《山水图》屏·清代（1644–1911）

Zhang Shibao, the "Landscape" screen, Qing Dynasty

纸本设色／画芯尺寸：纵 182.5 厘米　横 44 厘米

◎张洽《山水图》轴·清代（1644–1911）

Zhang Qia, the "Landscape" scroll · Qing Dynasty

纸本水墨／画芯尺寸：纵 60 厘米　横 32.5 厘米

◎ 王诚《山水图》扇面·清代（1644–1911）

Wang Cheng, the "Landscape" fan · Qing Dynasty

绢本设色 / 画芯尺寸：直径 25.5 厘米

竹韵

ZHUYUN

济南市博物馆藏 清代竹刻艺术展

前　言

中国是世界上最早使用竹制品的国家，所以竹雕在中国也由来已久。

竹雕也称竹刻，是在竹制的器物上雕刻多种装饰图案和文字，或用竹根雕刻成各种陈设摆件。

竹雕成为一种艺术，自六朝始，直至唐代才逐渐为人们所识，并受到喜爱。明清是竹刻艺术发展的重要时期。明嘉靖至崇祯年间，竹刻艺术率先在嘉定兴起并走向成熟，涌现了“嘉定三朱”等诸多竹雕大家。清代在传承、发扬明代遗韵的基础上，竹刻艺术达到鼎盛，名家辈出，涌现出吴之璠、封锡禄、施天章、周颢、潘西凤、邓渭等一批刻竹大家，均以鲜明的艺术个性倡导新风，使竹刻艺术呈现出异彩迸发、繁花竞秀的绚烂局面。

在新春佳节到来之际，济南市博物馆择其馆藏的部分竹刻精品，呈现出来，以期与大家共同鉴赏学习！

竹雕

ZHUDIAO

【竹雕类别】

竹雕可分为竹茎雕刻和竹根雕刻两大类。

竹茎雕，是将竹节间的部分截下来，若需做成圆形器物，则留其中一横隔，然后在其周身刻图案或纹饰；若需做成臂搁、扇骨之类，则将竹筒从中剖开，然后成器。竹茎雕的器型主要有：笔筒、香筒、臂搁、笔洗、镇纸、扇骨、花插、冠架等。

竹根雕，是截取盘根错节的竹根，然后根据其自然形态，进行构思创作，略加雕琢而成器。竹根雕的器型主要有：神仙人物、文房用具、印章、果蔬花卉、山水小景、飞禽走兽等。

竹雕

ZHUDIAO

【竹雕的雕刻手法】

圆雕，是指完全立体的雕刻。这种以圆雕技法刻制的器皿，大多是取竹根为材，根据竹的自然形态进行构思和设计，略施雕镂，使其成为供人观赏的艺术品。

浮雕，是指在平面基础上雕刻艺术形象，介于绘画和雕刻之间的一种艺术形式。根据浮雕立体程度的差别，可分为「高浮雕」、「浅浮雕」、「薄意雕」、「线雕」等。

留青，又称平雕，皮雕。是以竹子表面一层薄薄的竹青为雕刻图案对象，铲去图案以外的竹青，露出竹青下面的竹肌。

透雕，又称通雕。通，意为贯通。有在浮雕基础上镂空其底版使图象空灵突出，分为单面镂空雕与双面镂空雕。有在圆雕基础上作镂空透雕，雕出内层的景物。也有平面多层透雕，多的可达五六层。

贴黄，是竹刻中的独特品种，又称反黄、竹黄、翻黄、文竹等。贴黄是削取竹筒内壁约2mm厚的黄色表层，经煮压后，粘贴在木胎器物上的竹刻工艺品。其表面或为光素，或镌刻花纹。

◎明代・竹雕寿星

Ming Dynasty · Bamboo Carving Featuring the God of Longevity

高 41.2 厘米

◎清康熙·竹刻人物香筒

Kangxi Era of Qing Dynasty · Bamboo Engraving Incense Holder Featuring Figures

高 18.5 厘米　口径 5 厘米

◎清代・竹雕松鹿山子

Qing Dynasty · Bamboo Carving Featuring Pine Trees and Deer

高 37 厘米　宽 12 厘米

◎ 清乾隆・竹根雕和合二仙

Qianlong Era of Qing Dynasty · Bamboo Root Carving Featuring Immortals of Harmony and Union

高 10 厘米　宽 8 厘米

◎ 清乾隆・竹根雕双牛

Qianlong Era of Qing Dynasty · Bamboo Root Carving Featuring Double Bulls

高 6.5 厘米　宽 6.5 厘米

◎清代·竹根雕山影

Qing Dynasty · Bamboo Root Carving Featuring Mountain Landscape

高 5 厘米　长 9 厘米

◎清乾隆·竹根雕山影

Qianlong Era of Qing Dynasty · Bamboo Root Carving Featuring Mountain Landscape

高 6.5 厘米　长 8.5 厘米

◎清代·竹根雕小船

Qing Dynasty · Bamboo Root Carving Featuring Boat

高 6 厘米　长 13 厘米

◎清代·竹雕竹林七贤笔筒

Qing Dynasty · Bamboo Carving Pen Holder Featuring Seven Sages of the Bamboo Grove

高 18 厘米　口径 14 厘米

◎清代·竹雕山水人物笔筒

Qing Dynasty · Bamboo Carving Featuring Landscape and Figures

高 12 厘米　口径 6.5 厘米

瓶之韵

——馆藏古代瓷瓶瑰宝展

前　言

我国制瓷技术历史久远，据目前的考古发掘资料，商代已能烧制原始瓷。汉代时已烧成青瓷。及至宋代，我国瓷器制造业达到了一个空前繁荣的顶峰。历经三千多年，到了清代，瓷器的制造不仅集历代之大成，且超越以往，创造了一个令后人顶礼膜拜的制瓷时代。

由于瓷器如冰类雪、晶莹华美，有些实用器渐渐演变成具有观赏性的陈列瓷，瓷瓶就是其中的一类。早在新石器时代的仰韶文化和大汶口文化时期就已有用来背水和盛水的尖底双耳陶质瓶形器；两宋的玉壶春瓶和梅瓶，最初皆是酒具；清代是瓶类发展的顶峰，瓷瓶的造型多样、种类繁多，此时瓷瓶最初用于盛水储酒的实用功能已退化，多数成为摆放于案头桌几的装饰用陈列瓷。因此，瓷瓶的造型、花纹、釉色等愈加赏心悦目，易于观赏品玩。

今精选我馆馆藏，时代上至宋元，下至明清的部分瓷瓶，精诚推出“瓶之韵——馆藏古代瓷瓶瑰宝展”，以期更多观众的欣赏、观摩、品鉴。

【瓷瓶释意】

瓷瓶是指小口、大腹、体修长的容器，用于盛放液体的容器。

早期的瓶多为尖底，圆腹，细颈，肩上有供穿绳用的耳或系，显然是用于垂直方向汲水的工具。典型器物如1971年甘肃陇西出土的一只新石器时期马家窑文化的旋纹彩陶尖底瓶。后来瓶逐渐演变为高身深腹平底，除做实用工具外也具有了装饰功能。

历朝历代瓶的造型丰富多样，如隋唐时的双龙饮或双腹并联的传瓶，五代时江浙一带颇为流行做冥器用的多角瓶，取其谐音"多谷"，寓意吉祥。两宋时出现的玉壶春瓶和梅瓶本来是酒具，因其型制潇洒儁秀，自元以降逐步演变成纯装饰瓷。

清代是瓶类发展的顶峰，此时的瓶其实用价值已渐渐退化而装饰功能占了主导地位，如天球瓶，橄榄瓶，棒槌瓶，观音瓶，灯笼瓶，柳叶瓶，胆瓶等。特别是乾隆年间烧制的转心瓶，更是被誉为国宝。

瓶之韵

【经典样式】

瓷瓶是瓷器中最大的类别，有许多流传久远的经典式样。因制作年代不同，瓶式会有些小的变化，由此形成时代风格，具有一定的鉴赏意义。样式主要有：天球瓶、梅瓶、玉壶春瓶、赏瓶、棒槌瓶等。

（琮式瓶）

宋代瓶式。其特点是瓶体上有凸起的线纹数周，官窑、哥窑、龙泉窑所用瓶式为直颈，腹圆鼓，圈足，颈部腹部有弦纹。清代雍正年间的瓶式为盘口，斜肩，腹肩阔，圈足外撇，颈至肩部有凸起的三组弦纹，底有『雍正年制』款。

（宝月瓶）

即明永乐、宣德年间烧制的肩腹绶带葫芦瓶，又叫『马挂瓶』，或『福寿瓶』。

（橄榄瓶）

撇口，短颈，腹部微丰，肩、胫部内收，口、底大小相若，形如橄榄，故名。

（赏　瓶）

赏瓶，为雍正一朝最新出现的一种造型，作赏赐之用。其器型来源于玉壶春瓶，传世品形制基本相同，撇口，细长颈，肩部装饰凸弦纹，圆腹，圈足。赏瓶一般采用这样固定模式的纹饰，颈部装饰青花蕉叶纹，腹部装饰缠枝莲纹，其意喻深刻，希望时政『清廉』。

（壁　瓶）

瓶体一面随形鼓起，另一面坦平，宜于挂在墙上，故名。清代壁瓶以乾隆年间制品最好。另外还有专门用来装饰桥子内部的壁瓶，尺寸较小，做工较精，又叫轿瓶。

（棒槌瓶）

因瓶体似洗衣所用木棒槌，故名。清康熙朝民窑所创瓶式，有硬棒槌和软棒槌之分。硬棒槌瓶大小不一，盘口，短直颈，圆折肩，圆筒状长腹，圈足。软棒褪瓶的特点是口外侈，溜肩，直筒形腹，腹下略收，足尖圆滑。

（柳叶瓶）

清康熙朝所创瓶式。器型为撇口，短颈，丰肩，肩下削瘦至足，足内凹，器身细长，形似柳叶，故又有"美人肩"之称。

【天球瓶】

天球瓶为粗颈，直口，丰肩，腹圆似球形，因而得名。天球瓶始烧于明初，清代有仿制品。明初的天球瓶胎骨厚重，直口，微敛，颈的上部比下部略粗，腹圆鼓稍扁，砂底微凹。清代的天球瓶颈稍长，腹较圆。清康熙时的天球瓶为平砂底。雍正时的天球瓶为直口微撇，腹扁圆。乾隆时的天球瓶直口较粗，圆腹，假圈足，部分为釉底。雍正和乾隆两代的天球瓶出产均较多。

【双耳瓶】

双耳瓶主要特征是颈部两侧各有一耳。这种瓷瓶式样最早出现于宋代，明清各代继续烧造。宋代哥窑、定窑和龙泉窑烧制的双耳瓶式样不同。哥窑的双耳瓶两耳扁宽，多用贯耳；定窑的双耳瓶仿汉代铜器，白瓷瓶两侧附双环耳，匀称白净，韵味十足；龙泉窑的双耳瓶多为凤耳、鱼耳。明代宣德时烧造的贯耳瓶为唇口，直颈，丰肩，鼓腹下敛，圈足内呈台阶式，底心有款识。清代的双耳瓶以仿宣德贯耳瓶较多，但只有雍正时的仿制品比较接近，其余均是平底圈足。

【蒜头瓶】

蒜头瓶是仿自青铜蒜头壶而制，口部似蒜头，长颈，腹部像油锤，圈足。明嘉靖蒜头瓶是肩部有堆塑螭螭装饰；明成化蒜头瓶，仅口部作花瓣状，附耳；明正德蒜头瓶，在瓶腹上设出戟；明万历朝蒜头瓶，趋于简化，蒜头不够明显，但器形高大。清代蒜头瓶的器形趋于轻盈秀美，传世品有康熙茄皮釉螭耳蒜头瓶，雍正霁红釉蒜头瓶，珊瑚地粉彩花鸟纹蒜头瓶，乾隆珐琅彩蒜头瓶。

【梅　瓶】

梅瓶多圆口极细，颈短，圆体，肩极宽至胫稍细，折于足微丰，平底。始烧于北宋，元明清各代均有烧造。宋代曾叫“经瓶”，为盛酒器。清人因瓶口小仅能插入梅花枝而叫“梅瓶”。元代梅瓶继承宋制，只是肩部更加丰满，除圆形梅瓶外，还有八角形梅瓶。明清梅瓶从修长秀丽演变为肥矮丰硕，给人敦厚稳重之感。用与陈设，以景德镇窑制品最佳，有的色釉和彩绘装饰。其中，肩部有墨书或青花楷书“内府”二字者，是宫内用器。

◎宋代·青釉塔形瓶

Song Dynasty · Green Glazed Pagoda Shaped Porcelain Bottle

通高 29.5 厘米　口径 7.6 厘米　足径 8.5 厘米

◎元代·釉里红折枝花纹玉壶春瓶

Yuan Dynasty · Under-glaze Red Porcelain Vase with Pattern of Branches of Flowers

高 23.4 厘米　口径 7 厘米　足径 7 厘米

◎明代·建窑白釉兽耳瓶

Ming Dynasty · Jian Ware White Glazed Porcelain Vase with Beast Shaped Handles

高 16.85 厘米　口径 4.7 厘米　底径 6.1 厘米

◎明代·青花花蝶纹梅瓶（一对）

Ming Dynasty · Blue and White Porcelain Plum Vase with Flower and Butterfly Patter (a pair)

高 26.7 厘米　口径 6 厘米　底径 9.2 厘米

◎清乾隆・茶叶末釉如意耳葫芦瓶

Qianlong Era of Qing Dynasty · Tea-dust Glazed Double-gourd Porcelain Vase with Ruyi Shaped Handles

高 23.8 厘米　口径 2.7 厘米　足径 7 厘米

◎清代·五彩人物纹瓶

Qing Dynasty · Multicolored Porcelain Vase Featuring Figures

高 45.4 厘米　口径 12 厘米　底径 14.8 厘米

◎清代·孔雀绿釉狮耳扁瓶

Qing Dynasty · Peacock Green Glazed Porcelain Flat Vase with Lion Shaped Handles

高 30.7 厘米　口径 6.6 厘米　底径 11.6 厘米

◎清代·粉彩三孔绶带葫芦瓶

Qing Dynasty · Famille Rose Double-gourd Porcelain Vase with Three Openings

高 32.3 厘米　口径 8.6 厘米　底径 12 厘米

◎清代·青花加紫云龙纹天球大瓶

Qing Dynasty · Blue and White Large Celestial Globe Porcelain Vase with Purple Cloud Dragon Pattern

高 59.5 厘米　口径 13.5 厘米　底径 18 厘米

◎清代·乐善堂款珊瑚釉地描金双耳扁瓶（一对）

Qing Dynasty · Coral Color Glazed Double-handled Flat Porcelain Vase with Gold Drawings over Glaze Made by Leshantang (a pair)

高 17.7 厘米　口长 6 厘米　口宽 5.2 厘米　底长 7 厘米　底宽 5.9 厘米

◎ 中华民国・珐琅彩人物纹瓶（一对）

Republic of China (1912–1949) · Color Enamel Porcelain Vase Featuring Figures (a pair)

高 16.2 厘米　口径 1.6 厘米　足径 4.5 厘米

砚林撷珍

——馆藏古代砚台精品展

前　言

砚台是中国古代用来研墨的文房用具，与笔、墨、纸并称为“文房四宝”。砚亦称研，是研墨的工具。作为极具中国特色的传统文房用具，在中华文化的发展与文明的传播中，起着不可替代的作用。

砚的起源甚早，其前身为新石器时代的研磨具，而迄今所知最古的成型石砚出土于湖北云梦睡虎地秦墓。早期砚注重功能性，至唐宋时期，文人开始关注砚的造型与用材，端砚、歙砚、洮河砚、澄泥砚等为世所重。明清是砚史的高峰，不惟形制多样，选材亦应有尽有，蔚为大观。

一方匠心独运的砚台往往蕴含了雕刻、绘画、书法、历史、文学等丰富的内容，于精雕细琢之下充分抒发了文人雅士的情怀和意趣。济南市博物馆所藏古砚，品类丰富，风格多样。本次展览，将通过馆藏精品佳作，为观众，亦为专家、学者以及藏砚爱好者提供一个良好的鉴赏与学习交流平台。

砚台的构造

砚堂：俗称“砚心”。指砚的核心部分，石质好坏、使用价值高低都由它决定。

砚池：指砚的低洼处，用来存积清水或墨汁。

砚额：也叫砚头，指砚的上部较其他三边砚唇更宽的部位。

砚岗：指砚堂中间稍高的部分，其作用是为了贮存墨汁，以免其四下流散。

砚边：也叫“砚唇”，指砚堂周围略高的边缘带。

除此之外，砚的表面部分称“砚面”；砚的背面部分称“砚背”；砚的两侧称“砚侧”，有的砚台还加了盖。

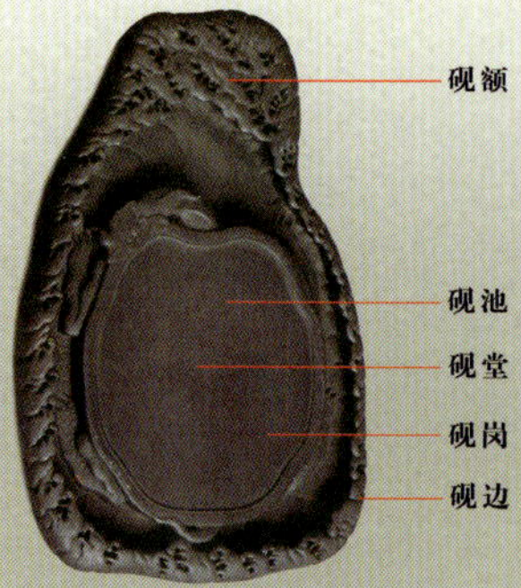

清 潜龟端砚

砚台的种类

砚是中国书法的必备用具。砚台不仅是文房用具，由于其性质坚固，传百世而不朽，又被历代文人作为珍玩藏品之选。砚台的材料丰富多样，根据砚材的不同分门归类，将其划分为石砚、泥陶砚、漆木砚、玉砚和金属砚等五大类。这五大类里又细分成若干种，如端石、歙石、洮河石、澄泥石、红丝石、砣矶石、菊花石，还有玉砚、玉杂石砚、瓦砚、漆沙砚、铁砚、瓷砚等几十种。

四大名砚

端砚　用端溪砚石雕琢而成。端溪砚石产自广东肇庆端溪一带，始出于唐代武德年间。上好的端溪砚石，石质幼嫩、细腻、滋润，具有发墨不损毫、呵气可研墨的特点。有“天下第一砚”等美誉。

洮河砚　用洮河石雕琢而成。洮河石产自甘肃临潭县洮河中，始出于宋代。洮河石石质腻润，色泽雅丽，发墨快，贮墨久而不干。以石色分有绿洮和红洮两种。

歙砚　用婺源龙尾山下溪涧中的龙尾石雕琢而成，因婺源旧属安徽歙州，故名。歙砚始出于唐代开元年间。上好的龙尾石石质坚韧、润密，纹理美丽。歙砚以巧用纹理装饰见长，给人以清新、秀逸之感。

澄泥砚　指唐代虢州（今山西省绛县一带）的澄泥砚。绛县澄泥砚细腻坚实，形式俱丽，发墨而不损毫，色彩多样，滋润胜水，可与石质佳砚相比肩。

砚铭微识

砚铭是刻在砚底、砚头、砚盖或砚身四侧或其它空余部分的一种可长可短，亦诗亦文，不拘一格的自由文体。它是中华民族独特的传统文化，是集文学、书法、美术于一体的艺术瑰宝。

砚铭的内容，一般是文字精炼的格言、警句、自勉、诗词和赞语，文体比较自由随意。

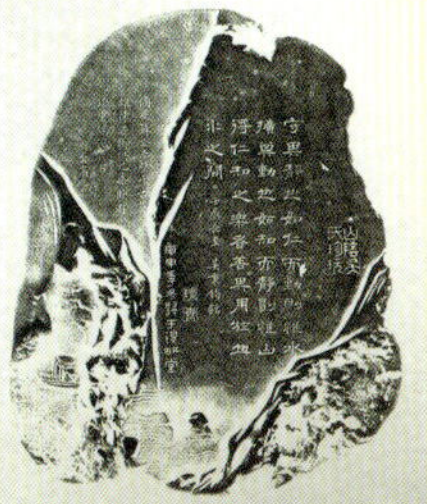

清 高兆赤壁端砚 背面拓片

清 天际归舟端砚 背面拓片

◎唐代·龟形陶砚

Tang Dynasty · Tortoise Shaped Pottery Inkstone

长 20 厘米　宽 13.5 厘米　高 8.3 厘米

◎明代·海天浴日水波云纹随形端砚

Ming Dynasty · Profile-followed Duan Inkstone with Sunlight-bathing Sea and Sky and Wave and Cloud Pattern

长 12.8 厘米　宽 9.1 厘米　高 4 厘米

砚面

砚背

◎清乾隆·古圣观象八角形歙砚

Qianlong Era of Qing Dynasty · Octagonal She Inkstone with Inscriptions of Ancient Saint Observing Astronomical Phenomena

长 14.3 厘米　宽 14.3 厘米　高 1.4 厘米

◎清乾隆·嵌金字瓦形澄泥砚

Qianlong Era of Qing Dynasty · Inkstone

长 13.4 厘米　宽 7.8 厘米　高 1.3 厘米

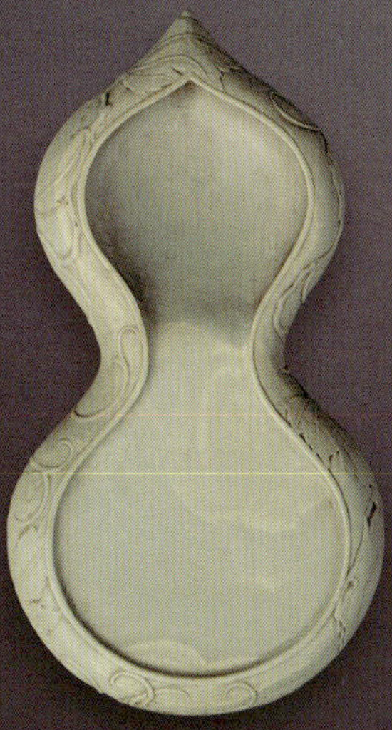

砚面

砚背

◎清乾隆·雕花葫芦形洮石砚

Qianlong Era of Qing Dynasty · Double-gourd Shaped Tao Stone Inkstone with Carvings

长 11.7 厘米　最大直径 6.3 厘米　高 1.9 厘米

◎明代·蝉形玉砚

Ming Dynasty · Cicada Shaped Jade Inkstone

长 14.87 厘米　宽 10.65 厘米　高 1.76 厘米

◎清代·荷形玉砚

Qing Dynasty · Lotus Flower Shaped Jade Inkstone

长 15.1 厘米　宽 8.18 厘米　高 2.12 厘米

◎清代·桃形翠砚

Qing Dynasty · Peach Shaped Green Inkstone

长 9.4 厘米　宽 7.2 厘米　高 2.2 厘米

砚面

砚背

◎清乾隆·玉兔望月洮绿石圆形砚

Qianlong Era of Qing Dynasty · Round Green Tao Stone Inkstone with Carvings of Rabbit Watching the Moon

直径 10.3 厘米　高 2.1 厘米

◎中华民国·钧釉贴梅花砚

Republic of China (1912–1949) · Jun Glazed Inkstone with Plum Flower Relief

长 11.5 厘米　宽 8.3 厘米　高 3.4 厘米

正本溯源

——馆藏明清书画真伪对比展

前　言

易有太极，是生两仪。茫茫大千，天地生万物而有阴阳，文脉经千年必生真伪。

书画真伪之辨，五代李营丘之《晴岚萧寺》，至今真伪众说，更有宋张择端之《清明上河》，声名显赫，仿摹众多，仅台北故宫就有七本之多。历来伪作，子承父、生习师，盖其伪法不外乎摹、临、仿、改。明清商业发展，“苏州片”“上海造”“河南造”，分门立派，俨如江湖，书画仿、伪之风泛滥。无论何种动因、技法，均丹青高手之所为。考其真伪根源，或描摹承古，学者追贤修己；或以假乱真。小人以之营私；今去伪存真，君子以此济天下。

现推出部分馆藏明清书画真伪对比展，旨在求大同、存小异、正文本、溯墨源。鉴于水平，在此抛砖，以期方家高论。

【中国传统绘画种类】

中国画在古代无确定名称，一般称之为丹青，主要指的是画在绢、纸上并加以装裱的卷轴画。近现代以来为区别于西方输入的油画（又称西洋画）等外国绘画而称之为中国画，简称“国画”。它是用中国所独有的毛笔、水墨和颜料，依照长期形成的表现形式及艺术法则而创作出的绘画。中国画按其使用材料和表现方法，又可细分为水墨画、重彩、浅绛、工笔、写意、白描等；按其题材又有人物画、山水画、花鸟画等。中国画的画幅形式较为多样，横向展开的有长卷（又称手卷）、横披。纵向展开的有条幅、中堂，盈尺大小的有册页、斗方。画在扇面上面的有折扇、团扇等。

中国画在思想内容和艺术创作上，反映了中华民族的社会意识和审美情趣，集中体现了中国人对自然、社会及与之相关联的政治、哲学、宗教、道德、文艺等方面的认识。

【书法与法书】

书法和法书是不同的两个概念。

书法，是指毛笔字书写的方法，主要讲执笔、用笔、点画、结构、分布（行次、章法）等方法。如执笔要指实掌虚，五指齐力；用笔要中锋铺毫；点画要圆满周到；结构要横直相安，意思呼应；分布要错综变化，疏密得直，全章贯气等等。主要讲写汉字的方法，如李慎言的《书法概论》一类的书。进一步说，就是书写汉字的文章诗句使之成为艺术作品的方法。

法书，是指有一定书法艺术成就的作品，与名画是对称的。常见的书法艺术作品的字体有五：楷书、行书、草书、隶书和篆书。这五体只要有高度的艺术价值，可供临摹取法的，都可以称之为“法书”。

书法与法书虽说是两字的颠倒，其含意的广狭却有所不同，一个属于理论，一个属于实践，且两者又是相辅相成的。

【书画鉴赏】

所谓鉴赏，实际上包括鉴定与欣赏两个方面。鉴定主要指判定作品的真伪，应属鉴定学的范畴；欣赏，主要指品评作品的优劣，属艺术批评学的范畴。

鉴定与欣赏两者既有联系又有区别。鉴定是建立在欣赏的基础之上的，只有懂得欣赏才能判断作品的真伪，欣赏又是鉴定的演进，高明的鉴定家必定具有较高的艺术修养。然而，判断真伪与优劣有时又是两回事。艺术水准好的书画作品并不一定是真迹，如有些代笔的作品；而有些艺术水准较差的作品，也不一定是伪作，如一些不善书画艺术的名人墨迹。但高超的艺术家，其作品再差也不至于差到哪里去。同时，鉴定着重于笔墨内涵、个性风格、文献考证等，而欣赏则重在艺术论析、气韵意境、审美价值等。因而，鉴定家未必能对作品做出较深的论断，欣赏家未必能对作品的真伪做出判断。

【书画作品的印章鉴别】

书画作品上的印章，除用于鉴别真伪外，还是整个作品的有机组成部分。清代著名画家吴昌硕认为：“书画至风雅，亦必以印为重。书画之精妙者，得佳印益生色。”印章佳者如画龙点睛，使书画作品增色增辉。

一般来说，书画作品上的印章，在构图上起均衡稳定的作用。也有一些书画作者根据自己的创作环境、身世和情趣，以及作品表现的内容、风格，在其上押盖别号、雅号等印章，可使人产生联想。如宋代大书画家米芾，籍贯湖北襄阳，所以其作品常加印“襄阳漫士”“楚国米芾”等图章。元代赵孟頫所居之处四面环水，其作品常钤“水晶宫道人”印章。而齐白石常自称“三百石富翁”，指其拥有三百枚石印，并以此自豪。所以，书画作者大多根据自己的追求、作品出处、内容、品味等选钤印章，如“江山多娇”“大富斋”“清雅斋”“幽谷居士”等图章。

◎ 戴进《山水人物图》轴（真迹）· 明代（1368–1644）

Dai Jin, the "Landscape and Figures" scroll (the authentic work) · Ming Dynasty

绢本设色 / 画芯尺寸：纵 142 厘米　横 81 厘米

◎ 戴进《山水图》轴（仿品）

Dai Jin, the "Landscape and Figures" scroll (an imitation)

◎高凤翰《素袜凌波图》轴（仿品）

Gao Fenghan, the "Figure with Plain Socks Riding the Waves" scroll(an imitation)

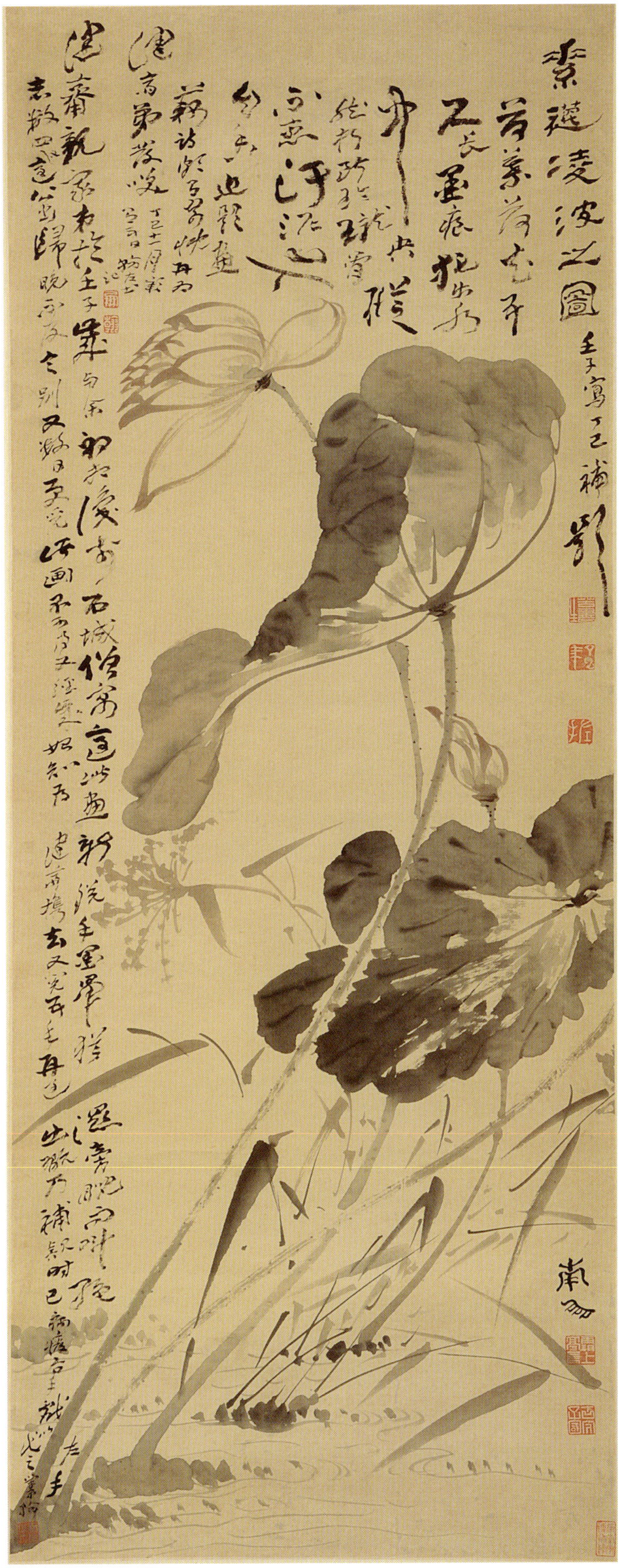

◎高凤翰《素袜凌波图》轴（真迹）·清代（1644–1911）

Gao Fenghan, the "Figure with Plain Socks Riding the Waves" scroll (the authentic work) · Qing Dynasty

纸本水墨 / 画芯尺寸：纵 119 厘米　横 46.5 厘米

◎**高其佩《指画盆兰图》轴（真迹）·清代（1644–1911）**

Gao Qipei, the "Painting a Potted Orchid with Fingers" scroll (the authentic work) · Qing Dynasty

纸本水墨 / 画芯尺寸：纵 117.4 厘米　横 47.3 厘米

◎**高其佩《指画花鸟图》轴（仿品）**

Gao Qipei's "The flower and bird painting figure" scroll(an imitation)

◎黄慎《苏武牧羊图》轴（真迹）・清代（1644–1911）

Huang Shen, the "Su Wu Herds Sheep" scroll (the authentic work) · Qing Dynasty

纸本设色／画芯尺寸：纵 188. 5 厘米　横 106. 5 厘米

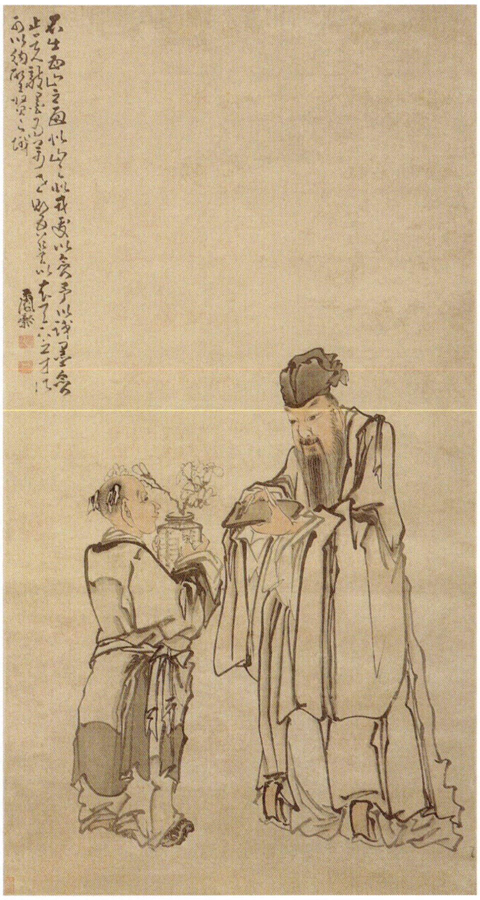

◎黄慎《东坡洗砚图》轴（仿品）

Huang Shen, the "Dongpo Washes Inkstone" scroll (an imitation)

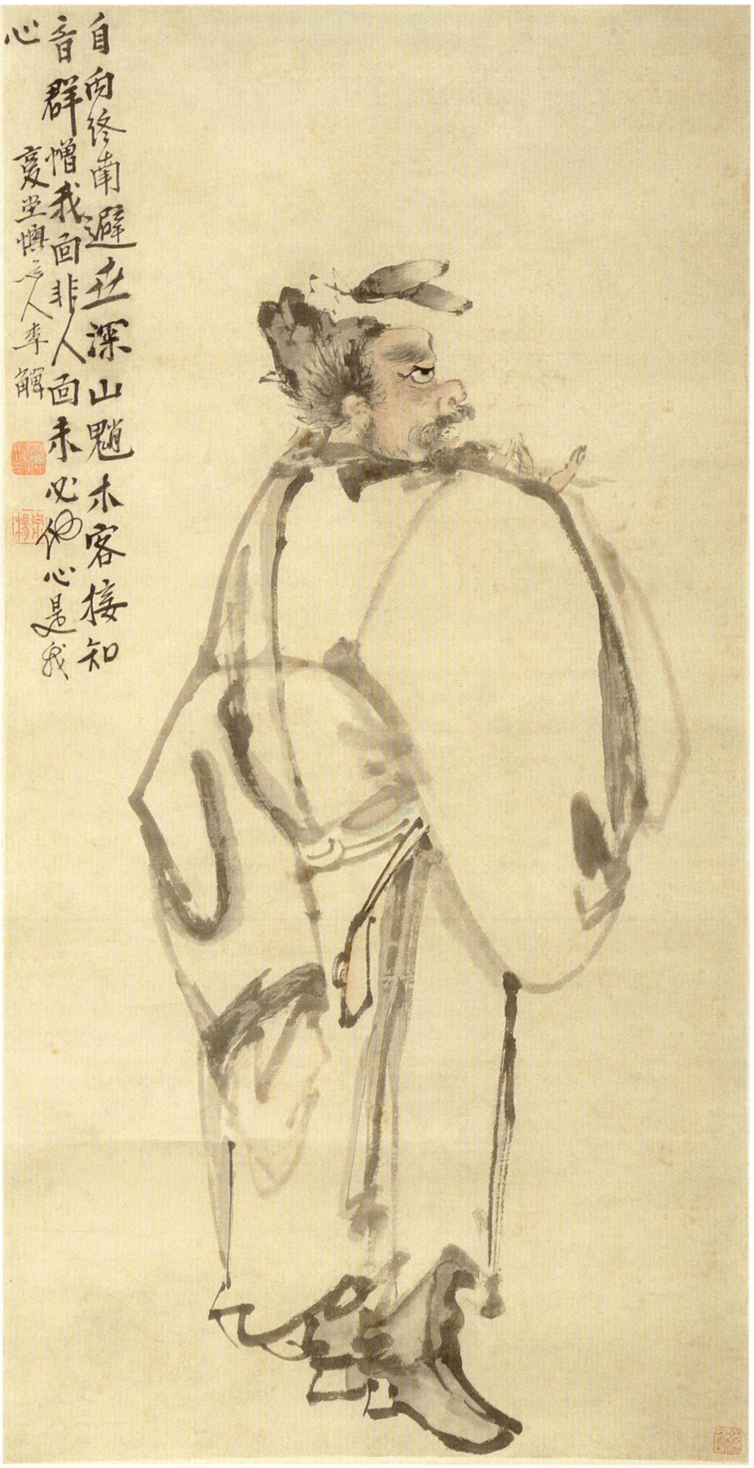

◎ **李鱓《钟馗图》轴（真迹）·清代（1644—1911）**

Li Shan, the “Portrait of Zhong Kui” scroll (the authentic work) · Qing Dynasty

纸本设色 / 画芯尺寸：纵 92 厘米　横 46 厘米

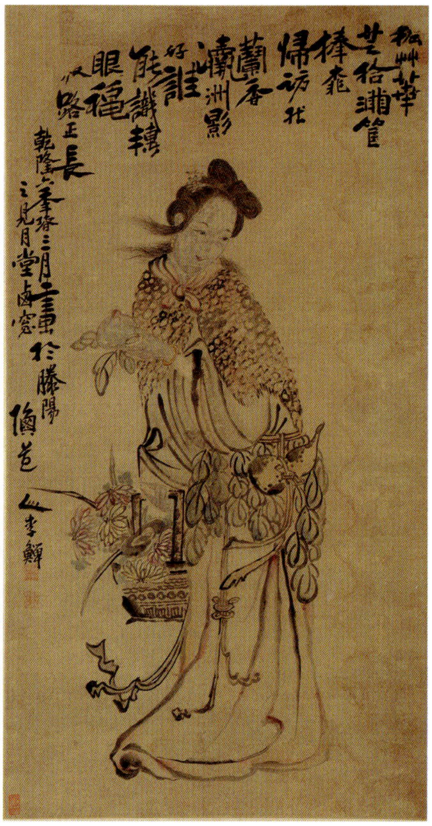

◎ **李鱓《麻姑图》轴（仿品）**

Li Shan, the “Portrait of Magu” scroll (an imitation)

◎王翚《山水图》轴（真迹）·清代（1644–1911）

Wang Hui, the "Landscape" scroll (the authentic work) · Qing Dynasty

绢本设色 / 画芯尺寸：纵 77.5 厘米　横 44 厘米

◎王翚《山水图》轴（仿品）

Wang Hui, the "Landscape" scroll (an imitation)

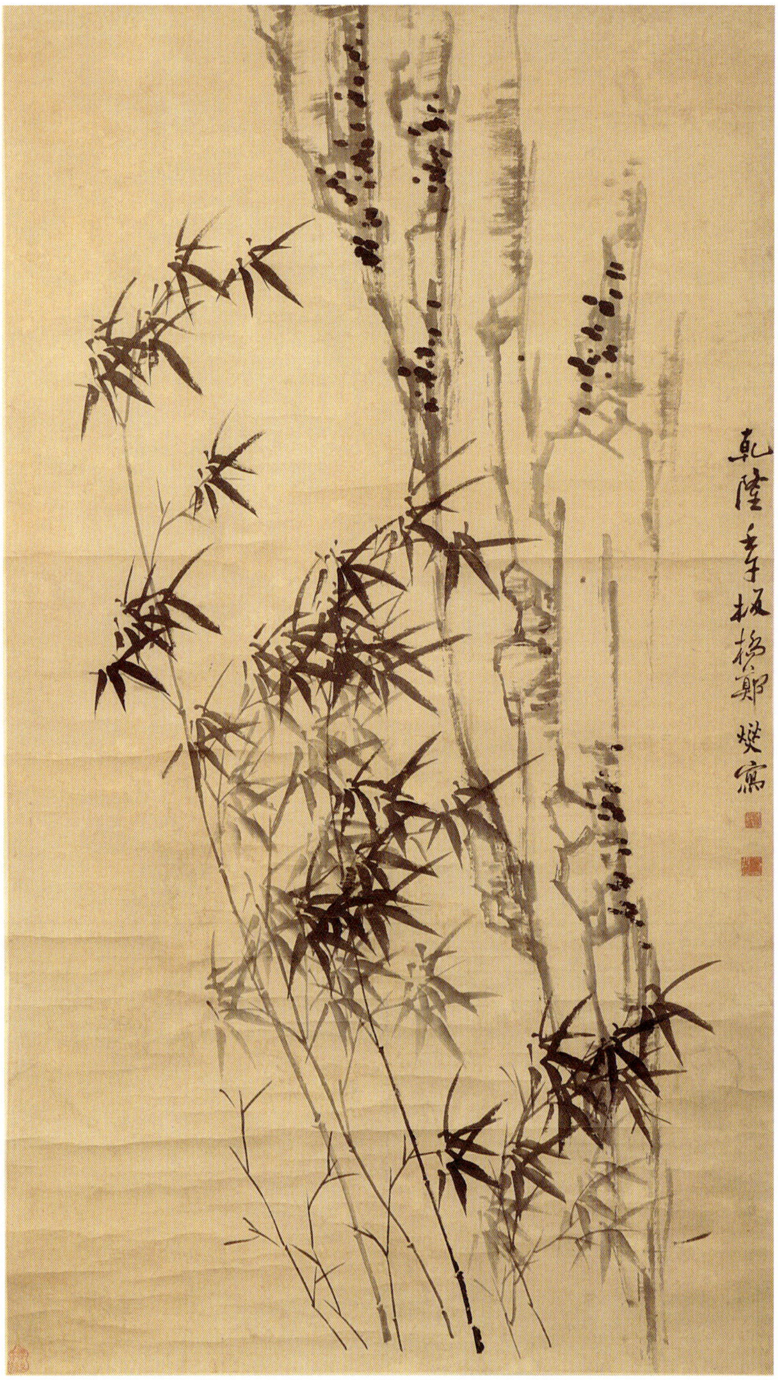

◎ **郑燮《竹石图》轴（真迹）·清代（1644–1911）**

Zheng Xie, the "Bamboo and Stone" scroll (the authentic work) · Qing Dynasty

纸本水墨 / 画芯尺寸：纵 182 厘米　横 103.5 厘米

◎ **郑燮《墨竹图》轴（仿品）**

Zheng Xie, the "Bamboo Drawn by Ink" scroll (an imitation)

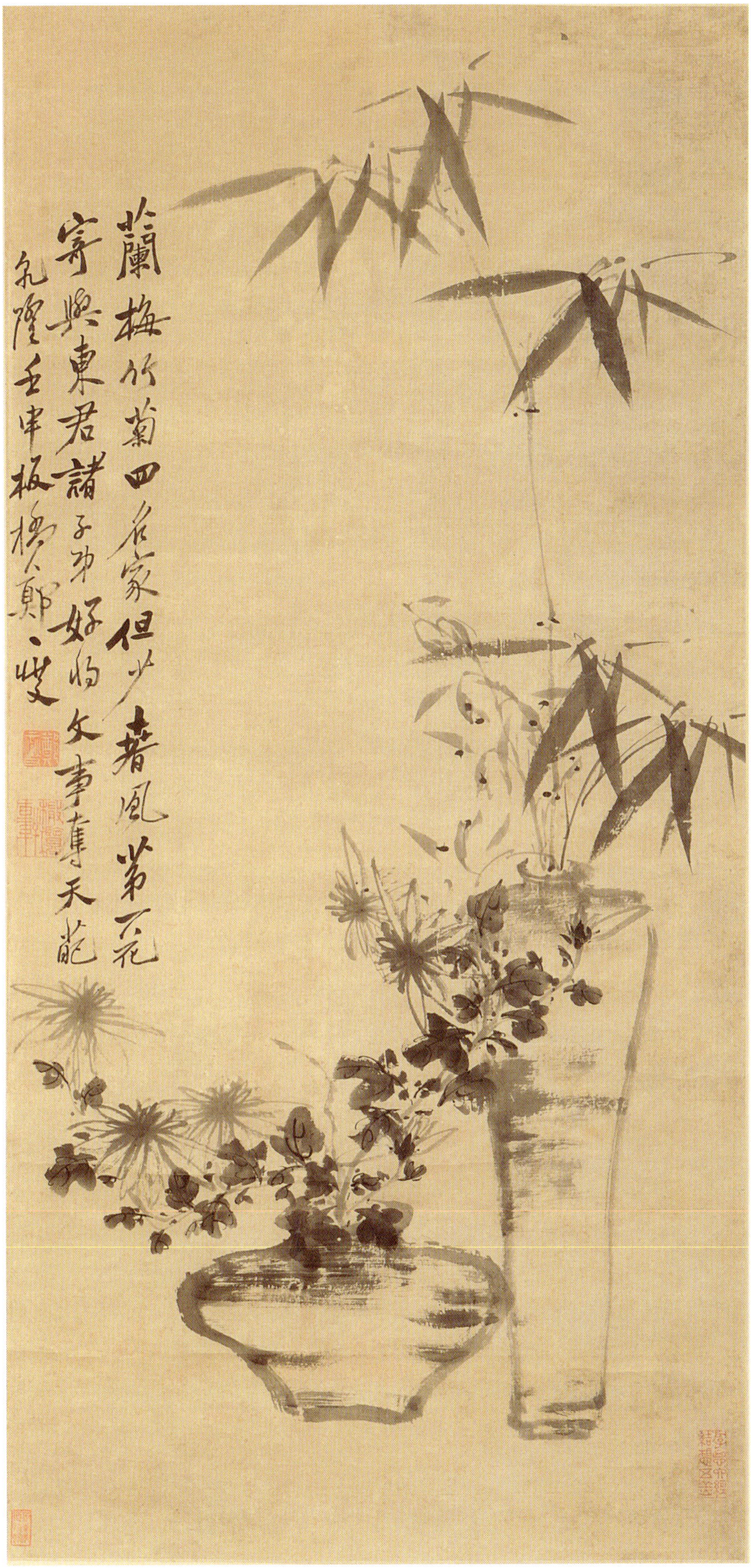

◎郑燮《兰竹菊图》轴（真迹）·清代（1644–1911）

Zheng Xie, the "Orchid, Bamboo and Chrysanthemum" scroll (the authentic work) · Qing Dynasty

纸本水墨 / 画芯尺寸：纵 115.5 厘米　横 55 厘米

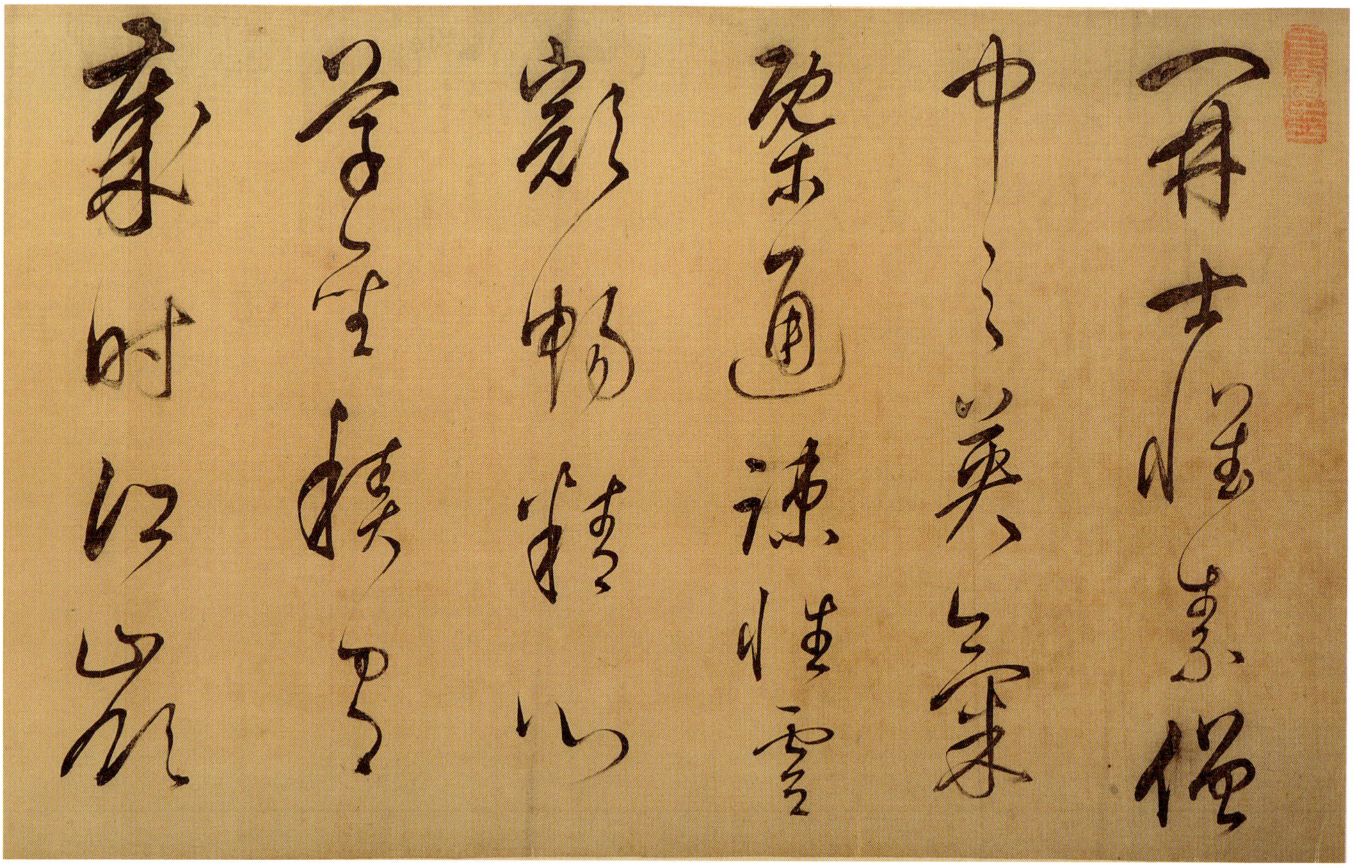

◎ 董其昌《草书》手卷局部（真迹）·明代（1368–1644）

Dong Qichang, part of the "Cursive Script" manuscript (the authentic work) · Ming Dynasty

绢本 / 画芯尺寸：纵 28 厘米　横 411.5 厘米

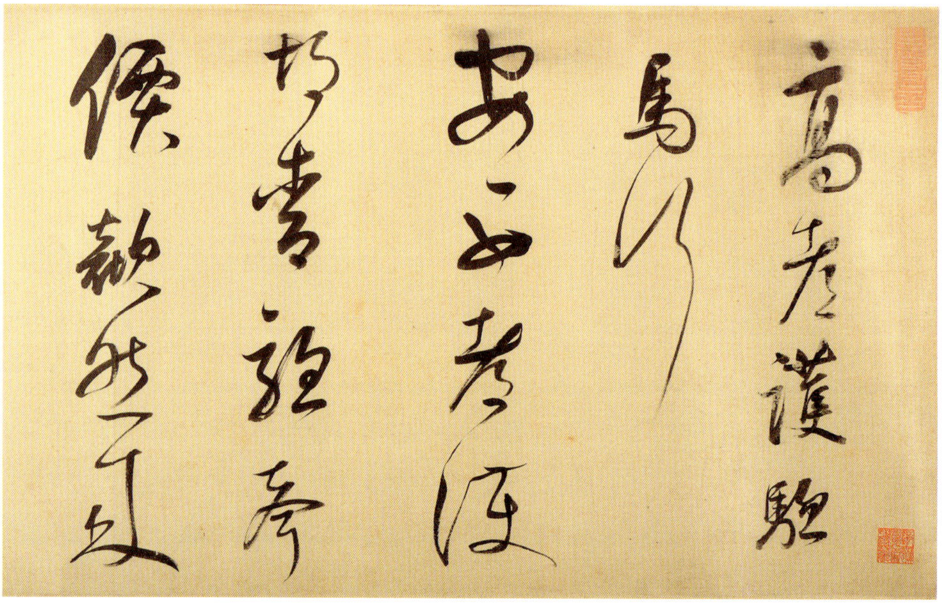

◎ 董其昌《行书》手卷局部（仿品）

Dong Qichang, part of the "Running Script" manuscript (an imitation)

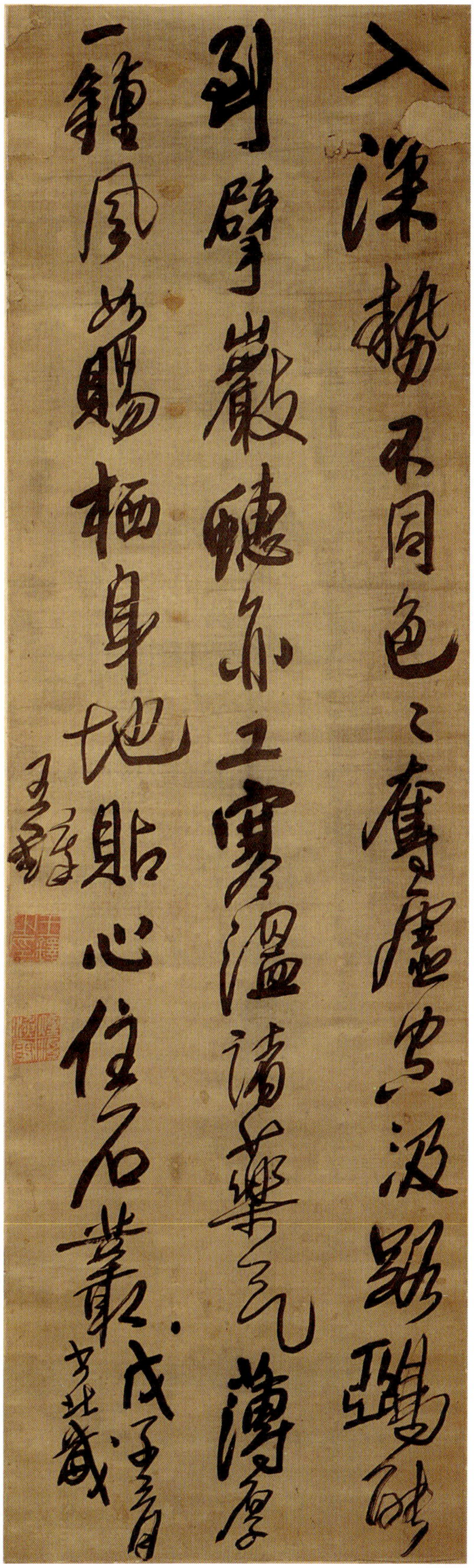

◎王铎《行书五言诗轴》（真迹）·明末清初（1644–1911）

Wang Duo, "Scroll of Five-character Poems in Running Script" (the authentic work) · Late Ming Dynasty to early Qing Dynasty

绢本／画芯尺寸：画芯尺寸：纵 170 厘米　横 50.5 厘米

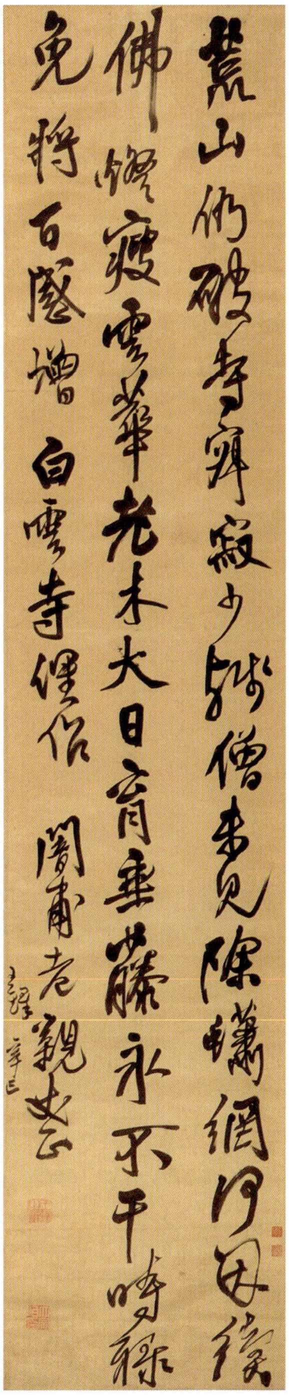

◎王铎《行书》轴（仿品）

Wang Duo, the "Running Script" scroll (an imitation)

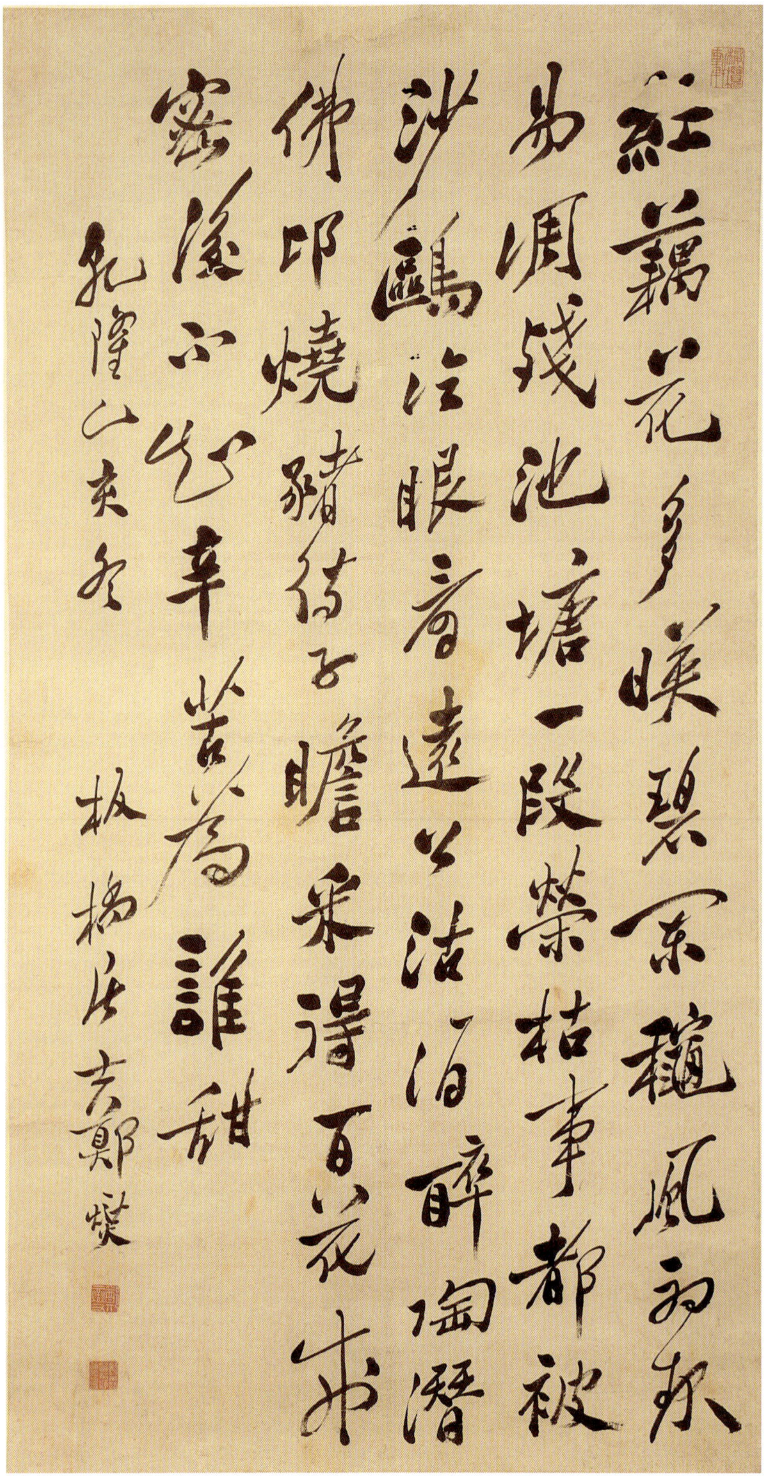

◎ 郑燮《行书》轴（真迹）·清代（1644–1911）

Zhen Xie, the "Running Script" scroll (the authentic work) · Qing Dynasty

纸本 / 画芯尺寸：纵 163 厘米　横 85 厘米

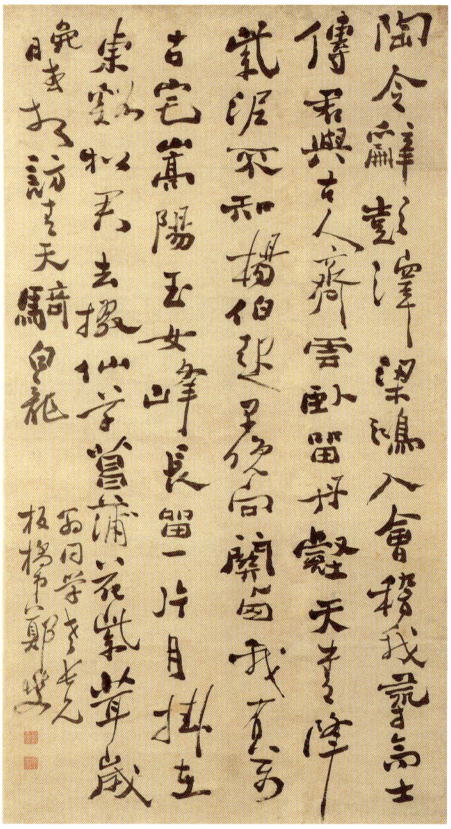

◎ 郑燮《行书》轴（仿品）

Zhen Xie, the "Running Script" scroll (an imitation)

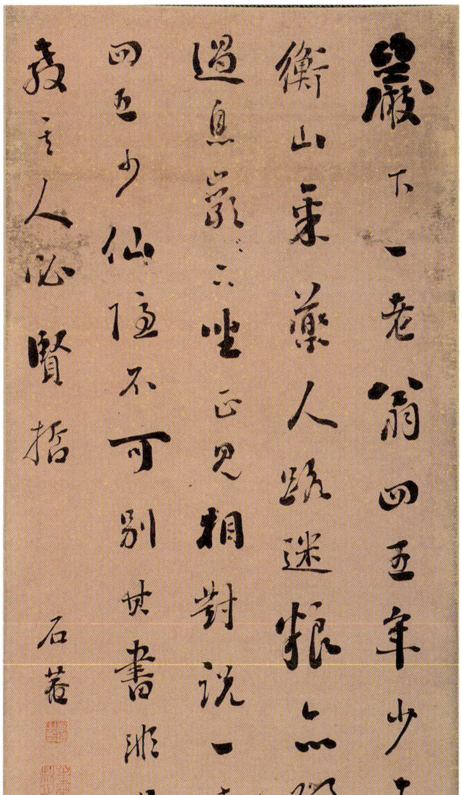

◎ **刘墉《行书》轴（仿品）**

Liu yong, the "Running Script" scroll (an imitation)

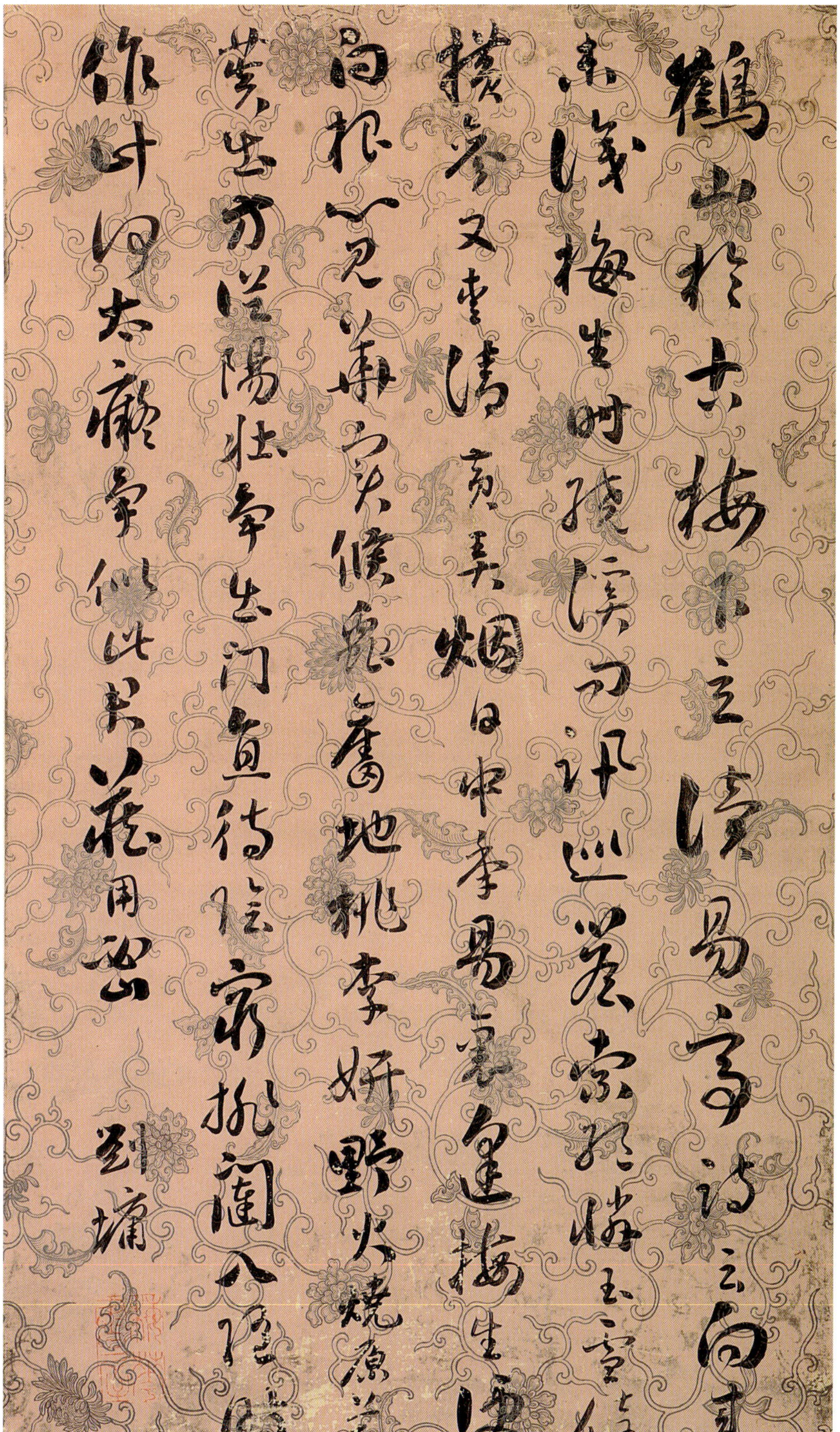

◎ **刘墉《行书》轴（真迹）·清代（1644–1911）**

Liu yong, the "Running Script" scroll (the authentic work) · Qing Dynasty

纸本 / 画芯尺寸：纵 81 厘米　横 46 厘米

瑞玉呈祥
古代玉器臻品展

前　言

中国素有“玉石王国”的美誉，玉器制作的历史非常悠久，至迟在 8000 年前，我们的祖先就在磨制石器的过程中逐渐认识了“玉”这种美丽的石头。他们剖璞取玉，琢玉成器，创造了独特的玉器艺术。古人认为玉钟灵毓秀，凝聚天地之灵气，因此玉器不仅具有审美价值，还被神圣化、人格化。

先秦时期，玉器曾用来寄托我们祖先虔诚的宗教情怀，象征财富和权力，因其温润瑛泽成为礼制和道德情操的化身。秦汉以后，玉器逐渐褪去其炫目的光晕，承载起人们远祸近福、安康吉祥的美好愿望。

绚丽多姿的历代玉器，不仅是艺术和技艺的呈现，还承载着各个时代的社会信息和文化印记，是我们共同拥有的宝贵而丰富的物质和文化财富。希望广大观众通过这一专题陈列，进一步了解中华民族历史悠久、博大精深、光彩照人的玉器艺术，深刻领会和感悟中国古代玉器所凝聚的民族精神，感受到保护传承中国优秀民族文化艺术的重任。

瑞玉呈祥
古代玉器珍品展

春秋·玉琥

玉器中的六器

玉礼器是古代礼制活动中使用的器物。玉礼器主要用于祭祀活动，但并非泛指礼仪中所用的一切玉器，而是专指璧、琮、圭、璋、璜、琥这六种玉器，称之为“六器”，亦称之为“六瑞”。《周礼清春官·大宗伯》记载：“以玉作六器，以礼天地四方。以苍璧礼天，以黄琮礼地，以青圭礼东方，以赤璋礼南方，以白琥礼西方，以玄璜礼北方，皆有牲币，各放其器之色。”古人主张天圆地方，“以苍璧礼天”，那是因为天是圆的，又是苍色（青色）的缘故；“以黄琮礼地”，那是因为地是黄而方的。古人以玉的颜色和形制来配合阴阳五行之说，从而产生了祭祀天地四方的礼器。

呈瑞祥玉

清乾隆·御制羊脂白玉龙纽瓶

主要玉材及产地

中国古代所称的“玉”可以有狭义和广义之分。狭义是从矿物学上将玉分为两类，即软玉和硬玉。软玉在中国主要指新疆玉，硬玉则专指翡翠。广义是沿袭中国的传统观念：“玉，石之美者”。在此意义上，玉的含义十分广泛，它不仅包含了新疆玉、岫岩玉、南阳玉，而且还可以包括玛瑙、水晶、绿松石等品种。

- 和田玉，产于新疆和田而得名，属透闪石矿物，硬度6.0–6.5。因含有不同的微量元素，呈白、青、青白、碧、黄、墨等色，以羊脂白玉为上品。和田玉是古代玉材中的主流。
- 岫玉，产于辽宁岫岩县。为蛇纹石矿物，硬度2.5–5.5。
- 南阳玉，产于河南南阳的独山，又称独山玉。系斜长石等矿物组成的岩石，硬度6.0–6.5。
- 蓝田玉，产于陕西蓝田，为蛇纹石矿物。硬度3.0–4.0。
- 翡翠，即硬玉，主要产于缅甸，属辉石类矿物，硬度7.0。清代开始盛行。

唐·云龙纹葵口白玉盘

玉器主要类别

- 礼器，主要用于祭祀神灵，也作朝聘符节等。有玉璧、玉琮、玉圭、玉璋等。
- 仪仗器，原是工具或武器，但不实用，是在王室典礼中使用以增强威严感。有玉斧、玉戚、玉钺，玉戈、玉刀等。
- 佩戴器，式样繁多，用以佩戴。有饰颈的玉璜、饰发的玉簪、饰腰带的玉銙、饰剑的玉剑饰等，以及悬挂于身上的玉龙、玉动物等。有些组合为成套佩饰，是贵族的重要仪饰。
- 丧葬器，专为死者制作的以祈求尸体不朽的玉制品。有玉衣，玉琀、玉握等。
- 陈设玩赏器，纯作艺术欣赏。有玉人物、玉山子、玉如意、玉插屏等。
- 实用器，日常生活用品。有束腰的玉带钩、玉碗、玉盘等，还有玉镇纸、玉笔筒等文房用具。

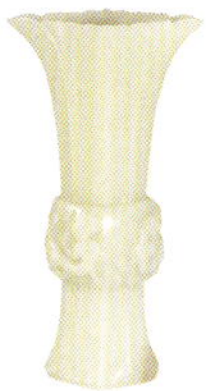

清乾隆·三螭纹黄玉觚

玉雕工艺手法

中国玉器的雕刻工艺非常精细，其工艺手法主要有：一、线刻，即以单线条刻成花纹图案；二、浅浮雕或薄意，即有画意的极浅的薄浮雕；三、浮雕，即在平面上雕刻出凸起的图案或造型；四、圆雕，即为三维立体的雕刻造型；五、镂雕，也称透雕，即雕琢不局限于玉料的一面，而是穿透玉料，镂空雕刻，从而在玉件中存在许多两面相通的空间；六、俏色雕，即巧用玉料的多种颜色，使不同的颜色恰好分布在玉雕需要部位，使作品有巧作天合之感；七、内雕，是深入玉料内部雕出圆雕及浮雕造型的玉雕手法；八、剔雕，与浮雕相反，是在平面上雕出凹下的图案或造型，又称凹雕。

清·三羊开泰玉饰

肖生玉

肖生玉泛指一般动物型玉雕，而非仅指十二生肖玉。自新石器时代至清代，肖生玉几乎是一个永恒的题材，一直为人们所津津乐道。表现手法从反映动物的特征、习性，到动物的整体刻画，以及赋予其吉祥寓意，由简到繁，自浅至深，生动传神。从现代生活意义上讲，肖生玉的特点是具有寓意性、象征性、装饰性，它不是一种必需的生产生活资料，是一种生活炫耀和地位象征，用于寄寓、欣赏，陶情怡性，悦人心目。这也正是传统玉器的主要功能。

呈瑞祥玉

清·山水人物青玉山子

玉山子

玉山子指将玉料加工成山子的形状，是一种圆雕山林景观，在清代时最为盛行。玉山子在保持原有形制的基础上，按照“丈山尺树，寸马分人”的构图法，先构图，然后再进行雕琢，并以图命名。玉山子的题材丰富，包括自然景观、人文景观。山子上的山水、亭台楼阁及人物等，构成近、中、远景的交替变化。

山子因玉料体积重量不同，作品巨微不一，大的山子可达数吨重，小的只有寸许。其取材广泛，以艺术的形式表现自然人文景观和历史场景。

唐代·金镶玉佩

玉　佩

古人的很多生活器具都是玉雕成的，能佩戴在身上的唯有玉佩。人们对玉佩的热爱不是因为玉的贵重，而是源于玉的品格，所以古语有“君子无故，玉不去身”，认为玉具有仁、智、义、礼、乐、忠、信、天、地、德、道等君子品节。

玉佩流行于新石器时代至明清，在造型上运用了人物、走兽、花鸟、器物等形象和一些吉祥文字等中国传统图案，内容上以民间谚语、吉语及神话故事为题材，通过借喻、比拟、双关、象征及谐音等表现手法，构成“一句吉语一幅图案”的美术表现形式，反映人们对美好生活的追求和向往，充分体现了玉石文化的精髓。

呈瑞祥玉

清代·墨白玉雕百寿图牌

玉　牌

牌形玉佩品种很多，各种形状的都有，一般多呈方形或长方形，器表浅浮雕或镂空雕刻各种图案与文字，有孔可穿绳佩系。玉牌在明代十分盛行，清代多有仿明之作，亦有刻“子刚”款的伪作。清代牌形玉佩很多，大多含有吉祥寓意。尺寸较明代加大，造型丰富。一般呈委角椭圆状或方形，边缘圆滑，材料厚实，玉质洁白、滋润，双面雕琢纹饰，镂雕已无双层感，刻画精细，琢磨细致、规整。

玉牌一直深受收藏者的青睐。一块小小的玉牌，方寸间融绘画、书法、雕刻及故事文化于一身，使天生丽质的玉经过一番修饰后拥有了生命。

◎ 新石器时代龙山文化·穿孔玉斧

Longshan Culture of the Neolithic Age · Perforated Jade Axe

长 13.8 厘米　宽 7.6 厘米　厚 1.4 厘米

◎东周·凤鸟纹玉璜

Eastern Zhou Dynasty · Jade Huang with Carvings of Phoenix and Birds

长 9.2 厘米　宽 2.8 厘米　厚 0.3 厘米

◎战国·夔龙纹玉佩

Warring States Period · Jade Pendant with Carvings of Kui Dragon

长 16.9 厘米　宽 8.7 厘米　厚 0.45 厘米

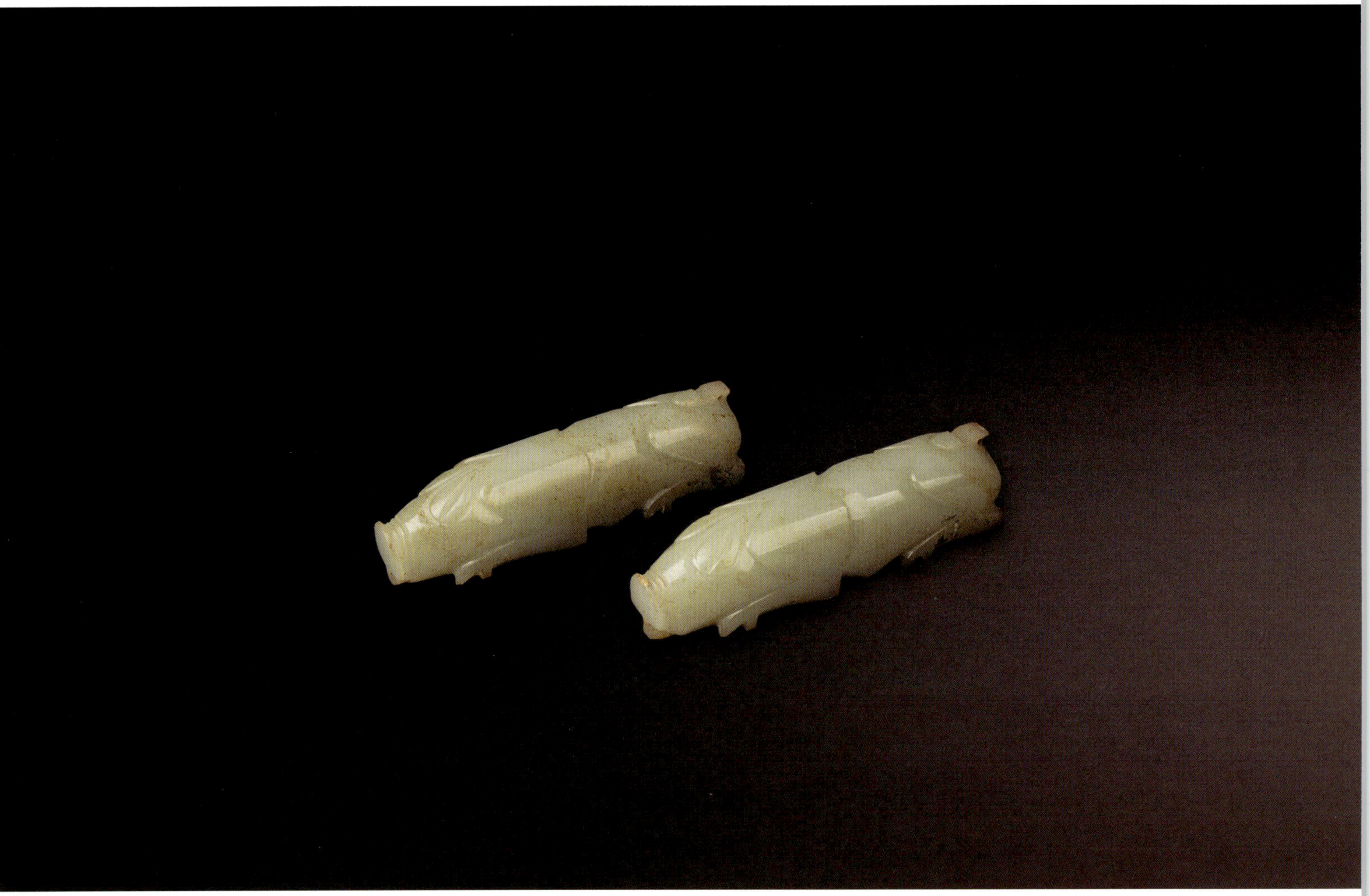

◎汉代·玉猪

Han Dynasty · Jade Pig

长 11.4 厘米　宽 3.05 厘米　高 3.05 厘米

◎唐代·涡纹玉璧

Tang Dynasty · Jade Disk with Swirl Carvings

直径 5.45 厘米　孔径 1.5 厘米　厚 0.5 厘米

◎宋代·饕餮纹斧形玉牌

Song Dynasty · Axe Shaped Jade Tablet with Carvings of Taotie

长 5.9 厘米　宽 4 厘米　厚 0.4 厘米

◎元代·镂雕龙纹玉炉顶

Yuan Dynasty · Jade Lid Top of Incense Burner with Dragon Hollow Engravings

通高 14.4 厘米　底长 20.4 厘米　底宽 17.9 厘米

◎明代·龙首玉带钩

Ming Dynasty · Jade Belt Hook with Carvings of Dragon Head

长 15.62 厘米　宽 2.88 厘米　高 3.11 厘米

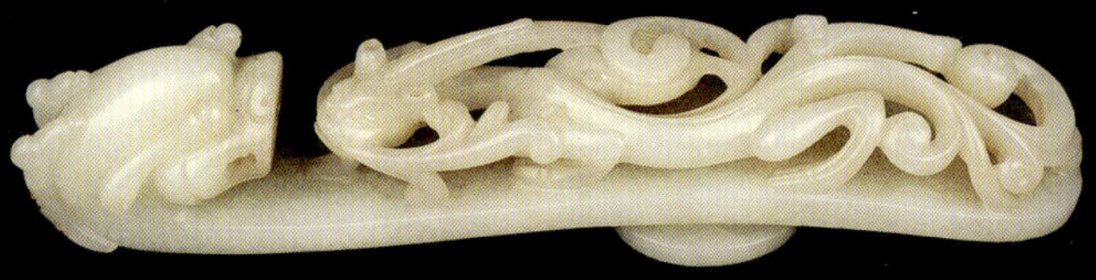

◎明代·三螭耳玉杯

Ming Dynasty ·Jade Cup with Three Li Dragon Shaped Handles

高 3.93 厘米　口径 7.05 厘米　足径 5.08 厘米

◎清乾隆·于阗采玉图玉山子

Qianlong Era of Qing Dynasty · Jade Mountain Landscape Sculpture Featuring Mining Jade in Kingdom of Khotan

高 12 厘米　宽 20.1 厘米　厚 8.2 厘米

◎清乾隆·玉方觚

Qianlong Era of Qing Dynasty · Jade Square Wine Vessel

高 18.9 厘米

◎清代·兽面纹黄玉扁瓶

Qing Dynasty · Topaz Flat Bottle with Carvings of Beast Face

通高 14.5 厘米　宽 12.4 厘米　厚 3.4 厘米

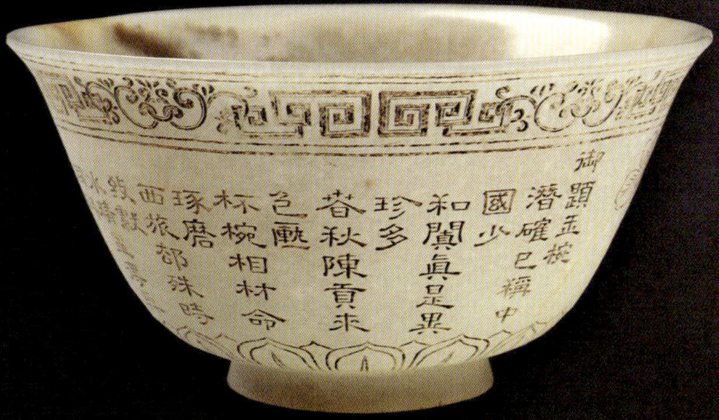

◎清代·御题诗刻花纹玉碗

Qing Dynasty · Jade Bowl with Carvings and Inscriptions of Poem Composed by the Emperor

高 6.1 厘米　口径 11.7 厘米　足径 4.6 厘米

◎清代·玉独角兽

Qing Dynasty · Jade One-horned Beast

长 11.9 厘米　宽 5.9 厘米　高 7.4 厘米

◎清代·三足玉炉

Qing Dynasty · Jade Jar with Three Feet

长 18 厘米　宽 8.23 厘米　通高 9.35 厘米

◎清代·玉读书人

Qing Dynasty · Jade Intellectual Figurine

高 5.59 厘米　宽 5.71 厘米　厚 2.5 厘米

◎ 清代·三螭纹玉瑗

Qing Dynasty· Jade Yuan with Carvings of Three Li Dragons

直径 12.91 厘米　孔径 8.7 厘米　厚 1.83 厘米

◎清代・饕餮纹玉扳指

Qing Dynasty · Jade Thumb Ring with Carvings of Taotie

高 2.4 厘米　直径 2.9 厘米　厚 0.5 厘米

◎清代・秋梨皮玉扳指

Qing Dynasty · Jade Thumb Ring with a Layer of Pearskin-colored unprocessed mineral

高 2.74 厘米　直径 2.49 厘米　厚 0.65 厘米

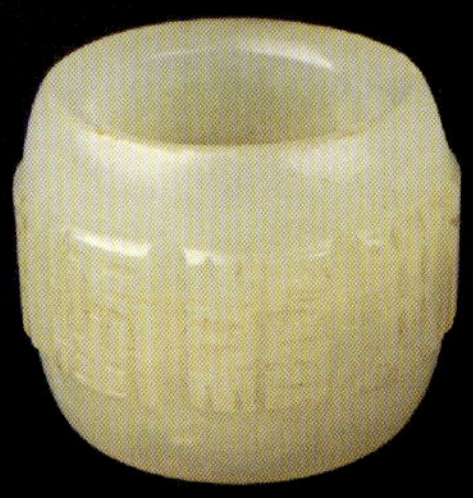

◎清代・篆书“乾隆御赏”鼓形玉扳指

Qing Dynasty · Drum Shaped Jade Thumb Ring with Seal Characters "Qianlong Yu Shang (literally'granted by Qianlong Emperor')"

高 2.73 厘米　直径 3.44 厘米　厚 1.35 厘米

◎清代・马鞍式玉扳指

Qing Dynasty · Saddle Shaped Jade Thumb Ring

高 2.6 厘米　直径 3.32 厘米　厚 1.23 厘米

◎清代·玉双鹿

Qing Dynasty · Jade Double Deer

长 5.6 厘米　宽 4.2 厘米　高 2.9 厘米

◎清代·黄玉双羊

Qing Dynasty · Topaz Double Goats

长 4.68 厘米　宽 2.81 厘米　高 3.44 厘米

◎清代·玉包袱虎

Qing Dynasty · Jade Cloth-wrapped Tiger

长 6.21 厘米　宽 2.91 厘米　高 3.1 厘米

◎清代·玉双鹅

Qing Dynasty · Jade Double Geese

长 5.35 厘米　宽 3.13 厘米　高 2.67 厘米

◎清代·青玉太师少保

Qing Dynasty · Green Jade Big Lion and Small Lion

长 7.35 厘米　宽 4.54 厘米　高 3.95 厘米

文物精品赏析

西汉·彩绘乐舞杂技陶俑

◎孟 梅

汉代时期的陶塑艺术，在我国陶塑史上起着承前启后、继往开来的作用。汉前期陶塑艺术明显继承了秦代陶塑艺术风格，型体比较高大，注重细节雕画的质朴，形象生动逼真，具有明快洗练的写实风格。中后期，陶塑艺术出现了新的风貌，注重体现总的精神，整体感强，取大势去繁缛，用高度概括的手法来表现。

无影山西汉墓是济南的考古发掘中比较有特色的遗迹之一。1969 年 4 月，在济南市无影山的南坡，清理并发掘了十四座西汉土坑墓。其中 1 号墓规模最大，随葬陶器最多。墓葬中最为知名和为人关注的是一组彩绘乐舞杂技陶俑，其陶塑简朴豪放的造型，开拓了作品内在的容量和其外的蕴意，具有汉代陶塑鲜明的写实风格。

彩绘乐舞杂技陶俑，泥质灰陶。陶盘长 67.5 厘米、座宽 47.5 厘米，最高俑者 22.7 厘米。长方形陶盘上塑造了 21 位人物形象，其中表演者、乐工和观赏者各为 7 人。陶盘中心 6 人在做乐舞杂技柔术表演，他们或双手着地举足倒立，或头足相接，或挥动长袖翩翩起舞；在陶盘的左前方一人，身着宽大的长袖红裙，腰系白带，头稍后仰，双臂向两侧张开，身体可以转动，似为讴者，也可能是整个乐舞表演的指挥者。讴者，即唱歌的人，多指

歌女。陶盘后侧乐工7人为伴奏乐队，展现了当时乐队组合及演奏的情景。他们或吹笙、弹瑟，或打小鼓、敲钟，或击磬、击建鼓。钟鼓为打击乐，笙瑟是管弦乐，都是我国最古老的乐器，《诗经》有“钟鼓乐之”的描述。此件群塑所用乐器虽说是象征性的，但陶盘后侧7位乐工专注的演奏，仍能令人遥想当年钟鼓齐鸣，笙瑟悠扬，金声玉振的场景。陶盘左右两侧观赏者共7人，皆长衣广袖，拱手而立，凝目观看。其中右侧3人宽衣博服，戴冕形冠，身前置两只陶樽，樽以贮酒，象征宴饮。按古礼，凡贵族宴饮必置樽贮酒，这3人应是宴会上观赏乐舞的贵族。

我国的音乐、舞蹈和杂技艺术源远流长。西汉时国家统一，经济发展，文化繁荣，内外交流频繁，使当时的乐舞杂技艺术发展到一个新的水平。史载，汉武帝在公元前108年春，在长安未央宫举行盛大的“角抵戏”表演，京城方圆百里皆前来观看。所谓“角抵戏”其实是汉代音乐、舞蹈、杂技等各种表演艺术的总称，故又称“百戏”。百戏在两汉时期，风靡城乡，久盛不衰。

从内容上看，无影山乐舞杂技俑群表现的应属汉代百戏的范畴。百戏又属于杂舞的范畴，其内容异常丰富，包括角力、竞技、驯兽、幻术等等；与周秦以来以诗舞乐三位一体的“雅乐舞”有明显的不同。宋人郭茂倩《乐府诗集》认为，杂舞“始皆出自方俗，后浸陈于殿庭”。也有观点认为，杂技与乐舞不分，成为当时文化的主导。不管怎么说，杂技是始源于民间，后来才进入宫廷，成为一种新兴的艺术形式。百戏由于它实际上是以杂技为主的多种民间技艺的综合串演，所以后人习惯把百戏看成是今天杂技的前身。此组乐舞杂技群塑俑造型，形象地再现了当时风行市井的“百戏”在演出时热闹欢快的场景。

从陶塑艺术题材上来看，此组人物群塑，表现了当时的社会风貌及审美情趣。汉代的人物陶塑，不求形体的逼真和细节的雕琢，而是从总体上把握对象的神韵，倾力于动势的追求，通过大轮廓古拙简朴的艺术手法，巧妙地再现人物的内在神韵和非凡才华。此组乐舞杂技群塑，注重“神态”的刻画，以形写神，在写实的基础上大量运用了夸张的手法，以明快洗练的线条艺术概括了客观事物，塑造了朴实生动、栩栩如生的人物形象，艺术地再现了汉代贵族宴乐、艺人表演的完整场面。

西汉彩绘乐舞杂技陶俑，充分体现了汉代陶塑之简洁古拙、布局井然、洗练概括、生动活泼的艺术特色。它不仅具有艺术欣赏价值，而且具有很高的学术研究价值，为研究汉代社会经济生活及阶级关系提供了丰富的实物资料，是迄今我国汉墓出土文物中所仅有的，也是首次发现西汉成组的杂技形象，为“国宝”级文物，现珍藏于济南市博物馆。

唐代·龟形陶砚

◎李坤宁

砚，别名润色先生，中国汉文化书房用以砚墨的器具，是书写绘画的必备工具，与笔、墨、纸合称“文房四宝”。多为石质，也有陶泥质的，之后又陆续出现了澄泥砚、瓷砚等，其形制多变，主要有长方形、方形、圆形、椭圆形和各种动物形态所制成的仿古砚等，有时还在砚体上刻以各种装饰纹样，质地以细腻、光滑、发墨均匀为上品。砚也是文房四宝中能传世最久的一宝。古人认为万物皆有灵性，文人书房中必备的四件宝，有名师所制作的名砚更是考究，工艺精美，显示了我国数千年来文房用具的艺术发展水平和能工巧匠智慧与才能的结晶。宋代大诗人陆游的《闲居无客与度日笔砚纸墨而已戏作长句》诗中：“水复山重客到稀，文房四士独相依。”足见对四宝的喜爱和四宝的重要地位。

笔墨纸砚并非是从使用之日起就以“文房四宝”命名的，据现有史料记载，笔与墨的历史能追溯到三千年以前，而纸和砚的出现和使用是在西汉时期，距今也有两千多年。“文房四宝”之名，起源于南北朝时期，经过历朝历代的不断发展变化，到了宋朝，“文房四宝”则特指湖笔（浙江省湖州）、徽墨（安徽省歙县）、宣纸（安徽省泾县）、端砚（广东省肇庆），另外还包括歙砚（安徽省歙县），洮砚（甘肃省卓尼县）。

安阳殷墟中曾发现有石制椭圆型器物，其中间微凹，留有朱色，专家考证认为是蘸色用具，这也应该是砚的最早雏形。陶制、瓦制的砚早期与石砚并存，到了唐代，南唐的皇帝李后主还专门设置砚物官员来监制。这时候端砚的制作雕刻工艺水平极高，其砚石质细腻，呈紫色，也有夹生黄、赤、翠绿相间，还有端砚独特的圆状柱体“眼”，尤其被文人推崇，诗人李贺诗赞端砚：“端州石工巧如神，踏天磨刀割紫云。”刘禹锡诗赞：“端州石砚人间重。”足以表明当时对砚的重视程度。另外秦砖汉瓦砚、澄泥砚、红丝石砚、洮河石砚、松花石砚、菊花石砚等等也名重一时。

济南市博物馆收藏了一件唐代龟形陶砚，1976 年出土于济南市历城区邵而乡小白庄的一座唐代墓葬中。砚长 20 厘米，宽 13.5 厘米，高 8.3 厘米，重 446 克。是用极细的灰陶土烧制，纹理细滑，着墨不废笔，但微渗水，无盖，砚体呈现龟的形态，龟首引颈左昂侧视，四足踞地稍外移，龟背凹陷，形成墨台，自颈部到砚池为一斜坡面，前高后低，足上及足部阴刻简洁的弦纹装饰，龟的眼、眉、鼻、耳、嘴和脚爪，都塑造的十分清晰，神态生动。此方砚台距今已有一千多年的历史，出土时其池面上所残留的墨迹迄今仍然清晰可见，由此可见此方砚台肯定是墓主人生前日常应用之物，也是极其心爱之物，死后还以心爱之砚陪葬。隋唐时期盛行龟形砚，是因为一来龟是中国古代人们所说的四灵之一，能耐饥渴；二来龟相传有千年之寿，古人常常喜欢以龟龄寓意人之长寿。晋代葛洪的《抱朴子》中提到：“知龟鹤之遐寿，故效其道引以增年。”郭璞《游仙诗》:“借问浮游辈，宁知龟鹤年。”可见在古人心目中，龟是一种重要的吉祥物，也正是这种传统观念的体现。这方龟形陶砚造型逼真，塑造精致，保存完好，从精简中见精巧，具有极高的历史和艺术价值，是国家一级文物。

作为文房四宝必不可少的砚，除了实用以外，名家名贵之作还令古今收藏观赏之用。从长方形的石板砚，到圆形、圆形带足、龟形、长方形抄手砚、随形砚无所不能，巧夺天工。更有精美的雕刻，山川树木、亭台楼阁、云龙戏珠、走兽鱼虫，花卉人物无所不精，使人爱不释手。不少名家专门著书立说来介绍这方面的知识内容。清代名家高风翰的《砚史》，就详细记录了一些名砚的流传和收藏情况。

唐代·金银平脱铜镜

◎ 尚海波

在古代，铜镜与人们的日常生活有着密切关系，是人们不可缺少的生活用具。铜镜又是精美的工艺品，它制作精良，形态美观，图纹华丽，铭文丰富，是我国古代文化遗产中的瑰宝。

唐代是继战国、两汉之后，我国铜镜发展史上又一个高峰时期。因在合金中加大了锡的成分，因而铜镜的质地上就显得银亮，既美观又实用。在铜镜的形制上，除了继续沿用前代的圆形、方形之外，又创造了菱花形、亚字形等造型。纹饰上则更多的把反映人民生活和人们对理想追求的画面应用到镜上，如月宫、仙人、山水等，瑞兽葡萄纹镜更是唐镜中引人注目的镜类。同时，出现了题材新颖、纹饰华美、精工细致的金银平脱镜、螺钿镜等等。这是盛唐高度艺术水平的产物，充分显示出唐代铜镜的特点。

金银平脱，是我国古代一种将髹漆与金属镶嵌相结合的器物装饰技法。考古发掘资料表明，金银平脱技术是由最早出现于商代的金银箔贴花技术发展而来，经由战国、汉代较长时期的发展，到了唐代，这一工艺已得到创造性的运用，成为极具时代特点的器物装饰技法。其工艺特点是利用金银延展性能好的特点，于极薄的金银箔片上雕镂出多姿多彩的复杂图案，剪裁成一定形状，将它们按照设计布局用漆胶等粘合于器物表面，然后在其表面多次髹漆，待干透后打磨推光，于漆地上显露出金银花纹。因纹样与漆地平齐，故而得名金银平脱。

唐开元、天宝年间，金银平脱器物风靡一时，皇室贵族竞相追捧，在唐宋人的笔记、史料中，就有大量金银平脱器物的记载。唐中后期，为了摆脱财政上的困境，唐肃宗、唐代宗先后下诏禁造宝钿、金银平脱等华贵器物，经此禁绝之后，唐代金银平脱遂逐渐走向衰落，至宋代几乎绝迹。目前，传世和发掘出土的唐代金银平脱器物均较为罕见，造成这种状况的原因主要是金银平脱器物长期保存对环境的要求十分苛刻，以及唐后期下诏禁造导致平脱工艺日趋衰落。因此，历经千年之后，能够保存至今的金银平脱器弥足珍贵。考古发现的唐代金银平脱器物，多出土于河南、陕西两省，而在其它省份极少发现。目前所见的各类平脱器物，以铜镜的数量为最多，还有少数饰片和漆盒。

就山东省发现的铜镜来看，目前仅济南出土有一枚金银平脱镜。1971 年 1 月，在济南市中心医院防空干道施工中，发现一座唐墓。此墓早年被盗，仅出土有墓志和一面铜镜。此镜出土时已断为三块，后修复。直径 19 厘米，缘厚 0.7 厘米，重 1035 克。六出葵花形，圆钮，钮周围饰金片六出重瓣纹，每瓣为三重。其外为六个银片心形纹，中套金片宝相纹。宝相花作为佛教的象征之物，常见于唐代的各种装饰艺术中。铜镜中的心形纹饰，则与佛像上的头光相仿。它们同时出现在如此高规格的器物上，一定程度上印证了佛教当时在中国的盛行，以及人们对于佛教的高度接受。

《大唐故右威卫左中侯项君墓志铭》并序可知，此墓的主人是齐州人项承晖，故赠使持节临淮诸军事、临淮太守项命忠之次子，唐玄宗贵妃项氏之弟，授右威卫左中侯。殁于开元二十八年（740 年），时年 28 岁。由于项承晖所生二子重阳、重明年幼，由其侄子重昌代主丧事，葬于“济南郡东五里山阴之旧茔”。唐代禁卫军有十六卫，右威卫为其中之一。各卫均设有中侯，为执事兵官，正七品。虽然他官阶不高，但由于是“贵妃之令弟，公主之季舅”，故得以使用华贵的金银平脱器。唐玄宗多内宠，尤以杨贵妃最为贵幸，而此位项贵妃新旧《唐书》失载。

这枚铜镜现珍藏于济南市博物馆，它不仅形制规范，质地厚重，纹样舒展优美，还采用了金银平脱的特殊铸制手法，金黄银白交相辉映，表现出唐代富贵堂皇之气韵。此镜于 1993 年经国家文物鉴定委员会专家组复审，确定为国家一级文物。

元代·釉里红折枝花纹玉壶春瓶

◎张　雯

釉里红是指以铜红料在胎上绘画纹饰后，罩以透明釉，在 1200 摄氏度左右的高温还原焰气氛下，入窑一次烧成，并使釉下呈现红色花纹的瓷器。明宣德和清康熙、雍正时期的釉里红瓷器在历史上颇负盛名，但它们的成就是在元代基础上取得的。

铜作为陶瓷器上釉料所用的着色剂，早在汉代的铅釉陶上就已经普遍使用。但那是铜在低温氧化气氛中产生的绿色，铜在高温还原焰气氛中能产生红色。目前考古资料表明，我国最早使用铜在高温还原焰气氛中产生红色的，是唐代的长沙窑，唐代长沙窑已经有釉下用铜描绘图案花纹用高温在还原焰气氛中烧成的早期釉里红瓷器，但由于当时的胎、釉都无法和元代景德镇的制品相比拟，因此，唐代长沙窑的釉里红瓷器尚处于原始阶段。随着长沙窑的衰落，目前还未发现宋代有任何窑场曾经烧制过釉里红瓷器。釉里红是元代景德镇瓷工的重要发明之一，与元青花制作工序大体相同。它们同为釉下彩，唯呈红色、蓝色各异。它们同样是用笔在胎上绘画纹饰，但用料铜、钴有别。它们同需在高温下烧成，但对气氛要求不同。釉里红对窑室中的气氛要求严格，铜非得在还原焰气氛中才呈现红色，而青花对窑室中的气氛要求稍宽，窑室气氛的变化对钴呈蓝色的影响不大，因此，青花的烧成相对容易。釉里红由于烧成难度大，产量极低，传世与出土的元代釉里红瓷器都很少，特别是具有科学价值的出土物更是屈指可数，国外仅见菲律宾出土了一批元代釉里红瓷器。

釉里红瓷器有三种不同的装饰方法：一是釉里红线绘，即在瓷胎上用线条描绘各种不同的图案花纹，这是釉里红瓷器最主要的装饰方法，但由于高温铜红烧成条件比较严格，往往会产生非红的现象，就是康熙、雍正、乾隆时期烧制釉里红的成熟期，这种现象依然存在，所以，细线条描绘图案花纹的釉里红瓷器烧成比较困难。二是釉里红拔白，其方法或在白胎上留出所需之图案花纹部位，或在该部位上刻划出图案花纹，用铜红料涂抹其他空余之地，烧成后图案花纹即在周围红色之中以胎釉之本色显现出来。三是釉里红图绘，以铜红料成片、成块地涂绘成一定的图案花纹。釉里红拔白及釉里红涂绘这两种方法都能减少线绘容易产生的非红现象，从推理上说，它们似应早于线绘的普遍使用。

釉里红瓷器在元代属首创阶段，纹饰比较简单，不像青花纹饰那样繁密细致。题材相应减少，不及青花题材那样丰富多样。铜在高温下容易挥发，因此，元代釉里红瓷器无淡彩，只有一个比较浓的色阶，并且纹饰线条常见晕散。铜彩料在烧成过程中十分敏感，窑室气氛稍有变化，便不能达到预期效果。由于釉里红烧成难度大，元代景德镇尚不能十分熟练地掌握这种技术，因此色彩纯正的釉里红瓷器流传下来的就更少了，但也不乏成功之作。

1969 年在山东省济南市大观园出土了一件元代釉里红折枝花纹玉壶春瓶。这是釉里红在济南市首次出土，在山东省来说，也十分罕见，现珍藏于济南市博物馆。瓶高 23.4 厘米，口径 7 厘米，撇口、长颈、垂腹、圈足。胎体坚硬，釉面莹润，器身饰有釉下彩的淡红色折枝花纹，并绘旋蚊 7 周。色泽悦目安静，娇而不艳，纹饰雅致匀净，秀美清晰，笔意准确，构图严谨，布局规则，富有节奏。此瓶造型端庄优美，古朴典雅，制作精细，令人叹为观止，实属当今罕见的元代釉里红瓷精品，弥足珍贵。

玉壶春瓶又叫玉壶春壶，是一种撇口、细颈、垂腹、圈足，以变化柔和的弧线为轮廓的瓶类，其造型上的独特之处是：颈较细，颈部中央微微收束，颈部向下逐渐加宽过度为杏圆状下垂腹，曲线变化圆缓；圈足相对较大，或内敛或外撇。这种瓶的造型定型于宋代，历经宋、元、明、清、民国至现代，成为中国瓷器造型中的一种典型器物。

明代·仿古匜型象牙座荷叶笔洗

◎普武正

笔墨纸砚、笔洗、笔架、镇纸等文房用品是中国传统最具特色用于书写的工具，它不仅有实用价值，也是集各种艺术为一体的艺术品。济南市博物馆收藏了一件仿古匜型象牙座荷叶洗，是明代玉器中的精品，它代表了当时制玉工艺最高水平，是能工巧匠智慧及艺术才能的结晶，是文房用品中不可多得艺术瑰宝。

明代仿古匜型象牙座荷叶笔洗，长 12 厘米，高 7 厘米。以整块和田玉雕刻而成，体量较大，玉石色彩丰富，在笔洗边缘处留有俏色，让玉器显得精美、生动而富有变化，有一种灵动之感。玉石中的絮状物，分布均匀，雕工用线条双勾出荷叶的筋络，尽量摈弃玉件上绺裂瑕疵，显得细腻真实、惟妙惟肖，有化腐朽为神奇、巧夺天工之妙。玉器器型以青铜器匜的形制为原型，浑朴典雅、古意盎然。

仿古玉是指仿照古代铜器、玉器、漆器器型与纹饰而琢制的玉器，主要是模仿商周礼器的造型和纹饰。仿古玉产生的主要动力和背景主要是受慕古主义思潮的影响和玉器生产与市场繁荣与兴盛有关。匜是战国晚期出现的一种青铜器，用于日常盥洗。这种玉洗已脱离了盥洗的作用，而成为文房用品中的笔洗。此玉器造型线条流畅、形制舒展，在追寻古风古韵的同时，又大胆求变，是一件不可多得的玉器佳品。玉笔洗由两片荷叶组成，一片舒展翻卷雕成了笔洗，一片以卷筒状作为洗的柄，形状如成熟而卷起的荷叶，叶边缘弯曲起皱，外壁以双阴线刻画出叶脉，叶梗从底部中心开始弯绕后顺势上扬至流处与流口衔接，整个构图设计除增添造型变化外，还具有足和柄的功能。这件仿古匜型荷叶笔洗，总体风格简练豪放，用两叶卷曲荷叶组成，显得清新活泼。玉器质地温润、光泽优美、雕刻精湛、造型典雅，是我馆玉器收藏品中的精品。

作为玉洗附件的底座，选用大象牙齿最粗的部分。象牙质地坚实细腻，色泽白净莹润，是难得的优良精雕材料。以象牙做原料精心设计制作的特种工艺品，历来以珍贵著称。象牙雕刻不仅需要高超的技艺，更要具备丰富的艺术想象力。象牙质地坚硬而且十分名贵，象牙雕刻一般分为三个大步骤：凿活、铲活和磨活。凿活，包括牙雕的选料和设计，凿出物件的大体轮廓；铲活，也就是雕刻，高超的雕刻工艺不仅能塑造完整、逼真、细腻的造型，更可贵的是力求表现出作品的神韵；磨活，是牙雕最后一道工艺，一般采用天然植物叶片和兽皮打磨，利用它们本身细细的纹路，还原象牙本身晶莹润泽的天然色泽。用镂空圆雕等技法，雕有莲蓬、荷叶、麦穗等吉祥图案。寓意“岁岁好合”，也表现了文人纯洁清廉，出淤泥而不染的情操。牙雕作品刀法硬朗，图案致密、清雅秀美，风格“雅、秀、精、巧。”象牙雕刻是一门中国传统艺术。象牙为大象身上最坚固的部分，其光洁如玉，耐用珍贵可与宝玉石相媲美，因此象牙又有“有机宝石”之美誉。象牙雕刻艺术品，因存世量的减少而备受收藏家的珍爱。

仿古匜型荷叶笔洗无论是玉器笔洗本身，还是象牙底座的雕刻，构图别出心裁、雕工惟妙惟肖，既是一件实用文房用品，又是一件装饰性极高的艺术摆件。玉质笔洗和象牙底座有机结合，堪称是一件珠联璧合的艺术精品。济南市博物馆珍藏。

明宣德·青花束莲纹盘

◎王秀丽

青花束莲纹盘，明宣德，高 7.3 厘米，口径 40.5 厘米，足径 29 厘米。直口，唇缘而圆润，盘底较浅，底部宽平，短圈足，胎薄，质地细密，通体施白釉。白色略带浅淡青色，装饰青花纹饰，外底部露胎泛火石红，腹内壁绘缠枝牡丹、荷花、海浪纹，盘心绘一束莲花。画工技法讲究秀美典雅。中间以弦纹相隔，腹外壁绘圈草纹、回纹和两组弦纹，每组有两道细线组成，形成不同装饰的区间，严谨有序，画工流畅，一丝不苟。在盘沿和腹壁交界处是三道细弦纹，使盘的结构上界分明，整器釉面肥润，青花发色纯正，有凝聚的结晶斑点，这是代表宣德年间青花瓷器风格的典型之作。济南市博物馆珍藏。

宣德时期政局比较稳定，经济发展较快。由于明代的景德镇废除了元代的"匠户制"，工匠们成了半自由的手工业者，提高了生产积极性，从而促进了制瓷业的发展。从大量的传世品和出土器物上来看，此时景德镇的制瓷技术有很大提高，并且创造出前所未有的新颖品种——闻名于世的宣德青花。

宣德时期瓷器烧制技术的进步与海外贸易的发展有很大关系。当时景德镇青花瓷外销骤增，在一定程度上刺激了制瓷技术的改进和提高。由于郑和下西洋带回大量制瓷原料，也为创造精美的青花瓷提供了物质条件。这时期的瓷器珍品至今在国内外享有很高的声誉。从传世品来看，宣德时烧造的官窑瓷器，制作精巧，无论是实用还是艺术方面都开创了新的境界，成为我国古代灿烂文化的组成部分。明代时期江西景德镇成为全国的制瓷业中心，品种繁多，精彩纷呈，闻名于世，所生产的瓷器数量大、质量高、销路广，是全国瓷器的生产主流。宣德时期铜红釉和其它单色釉的调制烧制成功，则表明了当时制瓷工匠的高超技术水平。宋应星在《天工开物》中说，“合并数郡，不敌江西饶郡产……若夫中华四裔，驰名猎取者皆饶郡，浮梁景德镇之产也。”可见当时景德镇的青花瓷器是全国的生产主流，处于瓷器业的中心地位。

明宣德青花束莲盘，中间有一束植物，主要是莲蓬、莲叶、莲花，所以叫束莲纹，又叫把莲。略文雅些的称呼叫一捧莲。这种纹饰，明以后的青花瓷上多绘在盘心，几乎成了一种定式。莲花纹样的运用恐怕是最久远最常见的，但多以缠枝莲花为主，束莲花则是一片新的天地，优雅动人的美丽姿态，如在水中摇曳一般，她是盛开在中国大地上的一朵不败的鲜花，她的美丽从古流传到今，倾倒了无数的人。

明永乐宣德时期，经过不断地改进原料，选择与处理，提高了烧制温度和在器物表面施釉。装饰艺术也突破了元代和明初期瓷器的装饰艺术固有的写生画法，而是笔轻线细，出现了白描和工艺画的情趣。这种风格在当时绘制在用钴蓝料制瓷烧制的瓷器上已有较大的变化，泛着微青的釉面上，绘着缠枝纹画得壮美有力，体现出一个时代的气魄。更让人着迷的是，这个时期的青花像水墨画般醇厚的色泽，而这种青中泛紫的渲染，效果和颗粒的结晶也要归功于大洋彼岸带回的苏麻离青。宣德烧制的青花瓷，在青花瓷烧制历史上堪称稀世珍品，其异域风格的造型，浓重，明艳的呈色，超凡脱俗的纹饰，被后人赞誉为旷古之未有。

在青花瓷的发展中，有一个至今无法超越的巅峰时期，那就是明永、宣青花，所指的两个时代是永乐时期和宣德时期，原因是这两个时期的青花瓷器有许多共同的特点，并且两朝都采用苏麻离青为青花原料，两朝是上下衔接的关系，没有永乐也就没有宣德，就如一朵花的两种姿态。永乐是开创时期，就如含苞待放的花朵，而宣德一朝短短十年，就如怒放的花朵开出了绚烂的花。宣德青花胎体敦厚凝重，制作精良，技法熟练，采用中国水墨画的画法，用笔纯熟，而且有层次，笔道清晰，画风趋向细腻，缠枝花卉，繁花似锦，代表了宣德时期瓷器的宏伟气魄。

明代·王谔月下吹箫图轴

◎刘小漪

《月下吹箫图》是明代画家王谔的作品，现藏于济南市博物馆。图轴纵 184 厘米，横 99 厘米，绢本，设色。画面右下方款识：“王谔”。画面布局疏淡简洁，画面下实上虚，右实左虚，用墨浓淡分明，以硬朗的斧劈皴法写山石，以泼墨的笔法画树木枝叶，整幅作品浑然天成。

王谔（1462—1544），古籍记载“年逾八十而卒”。字廷直，浙江奉化人，世居奉化城内西锦里。弘治（1488-1505）初以绘事供事仁智殿。尝师里人萧凤，尽其术，乃肆力于唐、宋名家。凡奇山怪石，古木惊湍之类，尽摹其妙。其画树石多著烟霭之态，势如泼墨。他的画师承南宋马远，笔触较之马远更细腻，稍有放笔，体现了明代中期院体的时代风格。作为宫廷院体绘画，雄踞画坛达百年之久，影响深远。明孝宗称赞王谔“今之马远也。”王谔的画风与“南宋四家”之一的马远极似，有时真假难辨，以至于后世造假者篡改署名，以王谔画作冒充马远画作，以求高价。

从《月下吹箫图》轴可以看出王谔典型而独特的画风。

此画布局，景物偏画面右侧，右实而左虚，下实而上虚。主要景物集中在右下部，左上部则留大片天空。从画面看，远处，削峰不过三，近看，怪石不过三，石上树木不过三五株，人物三两个而已……如此简约的构图，是对自然山水的高度洗练概括。“外师造化，中得心源”，画意诗情，境味隽永，正是《月下吹箫图》画风的体现。世人所谓“马一角”，即取边角小景，尽其精妙，在此画构图中也有体现。

画作呈现的虚实感极其明显，主要景致不惜浓墨精绘。中心景物描绘细腻传神，用笔精巧，人物衣饰，神态举止，惟妙惟肖，生动传神。白衣老者，双手持箫，面对幽壑深谷，神情专注，意态悠然，仿佛融入山色月光中。身后，两个小童静静地坐在一起，一童合掌眼望天边，似在细细感受这神秘的时光，暗数箫声节奏，他们为箫声所陶醉，也为山间月色所陶醉。亭阁之下，杂树丛生，枝叶婆娑，遒劲的枝干盘旋劲屈，静穆中蕴藏着无限生机。作者对亭阁的勾勒，使用了精严缜密的界画技法，线条舒展，纤毫毕现，笔法细致入微。对于借景、衬景作者则以淡墨处理，一带而过，若有若无，虚实搭配，相得益彰。王谔传承了马远的用笔方法，所画山石多用斧劈皴，笔墨细腻而硬朗，给人瘦硬之感，山石崚嶒，极具立体效果。在他的传世名画中，描绘雪景的画作有很多，由此可见，作者擅造洁净清冷的意境。清秋月夜，笛声回荡山水之间，身处仙山琼阁，感受到一种超越凡尘的美，心境顿时开阔而淡远。作者擅长弃繁就简，去全求精，截取一片景色，尽情渲染，不用面面俱到，而传情达意更趋高远。王谔笔下的树石摈弃了丛生疏密的传统技法，描绘仿若泼墨，漫生出一种烟霞云罩、暮霭四合的画境。从树木与山石的关系来看，是润泽的笔墨于瘦硬的笔墨相呼应，假若画树木也用描绘远峰一样的笔法，则整幅画的用墨必然干枯，而少烟霞云雾之态。

《月下吹箫图》构图、用墨、传情达意等方面高超的造诣，使得我们面对画作，不仅愉悦眼前之景，而且能看到景外之境，达到情景交融，感受画外之象。当我们完全看懂这幅画作的时候，顿时觉得老者、童子都变成了虚拟之物，而只有月光、箫声才是画的主宰，这与我们开始欣赏的时候，感受截然不同，达此境界才真正称得上虚静空灵。

王谔作为明代山水画的著名代表人物之一，他的画艺达到了一个时期的峰巅，他不仅擅长山水，也极擅长画人物，“凡奇山怪石，古木惊湍之类，尽摹其妙”。他的画艺和作品内容多有超越前人之处，我们不可囿于“今之马远”来评赏。

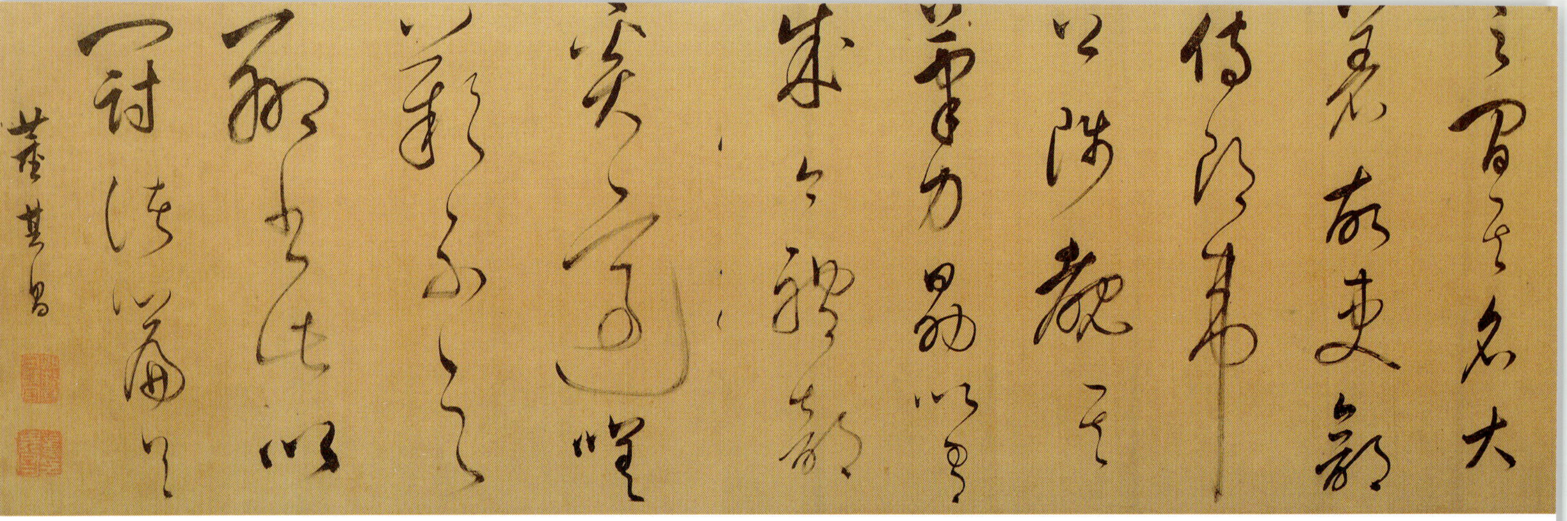

明代·董其昌草书卷

◎庞　敏

董其昌（1555-1636），明代书画家。字玄宰，号思白、向光居士，华亭（今上海松江人）。明神宗万历十七年进士，授翰林院编修，官至南京礼部尚书，并兼掌北京詹事府事。卒后谥文敏。精通诗文、书画和品题。他与邢侗、米万钟、张瑞图并称“明末四大书家”。对明末清初书风影响极大。

董其昌天才俊逸，少年时及其喜好书画，常常临摹真迹，十七岁开始临摹颜真卿的《多宝塔》，后来又临摹钟县、王羲之的法帖，以至于到了废寝忘食的地步，从而广泛的汲取了魏、晋、唐、宋、元诸家的精华所长，取得了很高的艺术成就，他的书法具有“颜骨赵姿”之美。

董其昌一生创作的书法作品不可胜数，临摹古人的法帖是其中的一个重要部分。他的书法“六体”“八法”无所不精，又以行草造诣最深，其书风“飘逸俊秀、风华毕现”。

济南市博物馆珍藏的明代董其昌草书卷，为董其昌临摹唐代怀素大师《自叙帖》的片段，狂草作品。纵 28 厘米，横 411 厘米，内容一共 230 字：“开士怀素，僧中之英，气概通疏，性灵豁畅。精心草圣，积有岁时，江岭之间，其名大著。故吏部侍郎韦公陟，睹其笔力，勖以有成。今礼部尚书张恭谓，赏其不羁，引以游处。兼好事者同作歌赞之，动盈卷轴。夫草稿之作，始于汉代。杜度、崔瑗，始以妙闻，迨乎伯英，尤善其美。羲、献兹降，虞、陆相承，口诀手授，以至于吴郡张旭长史，虽姿性颠逸，超绝古今，而楷法精详，特为真正。真卿早岁，常接游居，屡蒙激昂，教以笔法，资质劣弱，又婴物务，不能恳习，迄以无成。追思一言，何可复得？忽见师作，纵横不群，迅疾骇人，若还旧观，向使师得，亲承善诱，函挹规模，则入室入宾，舍子奚适？睠叹不足，聊书此以冠诸篇首。”

唐朝大书法家、僧人怀素的《自叙帖》，狂草，全帖共七百多字，是他流传下来篇幅最长的作品，现存于台湾故宫博物院。这幅作品，是怀素自述写草书的经历和经验，以及颜真卿、戴叙伦等人对他草书的赞赏。董其昌临摹的这段就是怀素在《自叙帖》中引用的颜真卿为他的《怀素上人草书歌集》做的序中极度称赞他的草书精绝和表达了对他的仰慕之情的内容。

怀素的这幅作品首尾贯通，迅疾骇人，如疾风暴雨，游龙惊蛇，奔放不羁。每字的体势都准确体现了草书的法度，彰显出怀素精深的草书功力。把篆书的笔法融入草书，运用了藏锋出笔或借助连笔创造回笔藏锋的条件，显露出笔画间内在的联系，充分表现出线条的圆转活脱和刚劲矫健，还突破了汉字的方块形式，大量运用了圆劲而富有弹性的弧形线条，甚至把个别字由方形变成圆形，更增加了整篇作品活泼生动的气氛。因此世人称之“醉僧狂草、铁笔银钩”。

董其昌临摹的怀素这幅草书虽然不贴切原貌而是注重表现在古帖中获取的感悟，用笔中锋圆劲，结构精微，气势连贯，足以彰显他深厚的书法功力。根据《明史·文苑传》记载：“名闻外国，尺素短札，流布人间，争购宝之。”可见他的书法影响之大。到了清朝中期，更有康熙、乾隆二帝都以其书法为宗法，备加推崇、偏爱，甚至亲临手摹，使其风靡一时，出现了满朝皆学董书的热潮，这也就是如今流传许多仿品、赝品的原因。

明代·竹雕寿星

◎李玉泉

竹雕是传统民间雕刻艺术，也称竹刻，是在竹制的器物上雕刻多种装饰图案和文字，或用竹根、竹材雕刻成各种陈设摆件。中国是世界上最早使用竹制品的国家，在使用竹子的过程中，国人对竹子逐渐赋予了更多的文化意义。

中国的竹雕艺术源远流长，早在笔墨纸砚发明之前，中华先民们已经学会用刀在竹子上刻字记事，此所谓竹刻记事。惟竹材难以保存，漫长岁月之后，当时的竹雕作品难以再现，湖南长沙马王堆西汉墓出土的彩漆龙纹竹佃，是现今已知较早的竹雕器。纵观中国竹雕发展的历程，真正的竹雕艺术在宋代开始初露头角；明清时期，竹雕艺术品达到鼎盛，出现了百花争艳的景象。明清两代，因有文人的参与，使竹雕与书画、雕塑艺术结合，促进了竹雕艺术的空前发展。由于不易保存，早期的竹刻制品遗存很少，到今所见多为明清传世品。明代的竹雕风格一般浑厚古朴，构图饱满，图案纹饰布满器身，刀工深峻，常做深浮雕或透雕，线条刚劲有力，转角出棱。明代时期江南竹雕艺术已达到全盛时期，竹雕之所以能在明代中期成为专门的艺术，一是竹材廉价易得，二是竹刻名家的出现并形成流派。竹雕形式丰富，除了圆雕、浮雕等不同表现形式之外，还引申出留青、贴黄、镶嵌等工艺。

济南市博物馆珍藏有不少竹雕器物，明代

竹雕寿星是其中的上品。寿星高41.2厘米，竹质，浅棕色。整器为站立人像，立体精美，表情刻画生动。其头顶隆突，天庭饱满，寿眉长须，笑容满面。上着博袖宽衣，下穿裳裙，衣褶层迭垂然而下，飘逸流畅。左手托一孩童，右手持杖，精神矍铄。杖上半部有一小儿攀扶，身前有三儿童笑颜逐开，围绕嬉戏，五名孩童意为“五子祝寿”，组成一幅“多子多寿”的生动场景，寓福寿双全，多福长寿之意，场面极其愉悦，令见者都为之感到亲切。此竹雕寿星，集高浅浮雕技法于一身，整体刀法细腻流畅，人物形神兼备，逸趣横生，营造出一种祥和喜庆的气氛，为明代竹雕中的上佳之作。

寿星是中国神话中的长寿之神，为中国喜闻乐见的神仙——福禄寿三星之一，是长寿老人的象征，“三星高照”也就成了一句吉利语。寿星因其慈眉善目，寓意吉祥，是古往今来备受青睐的创作题材。寿星的形象随着时代变迁不断变化，由于道教养生观念的融入，寿星形象发生相应的改变，极具特色的是寿星那特别突出的额头，种种长寿意象融合叠加，形成了我们最熟悉的寿星特征——其硕大无比的寿星头。

成语“胸有成竹”用来形容一个人做事有信心，坦坦荡荡，可见竹子是一种美好品质的象征。竹雕艺术品有着深厚内涵和独特魅力，其材质“虚心”“劲节”的特点与古代文人精神相契合，因而在古代备受文人雅士的推崇和喜爱。超凡脱俗的竹木牙雕作品，精巧秀雅，意蕴万千，自明末清初以来一直是收藏者的珍爱之物。2006年5月，竹刻经国务院批准列入第一批国家级非物质文化遗产名录。竹雕器物不是年代越久远越珍贵，重要的是出自竹雕工艺的鼎盛时期，即明代晚期至清代嘉庆年间，这一时期的竹雕作品讲究刀法，精雕细刻，是不可多得的艺术珍品。人们在收藏的过程中，既可以感受到中国博大精深的文化艺术传统，又可作为一项稳妥渐长的投资项目。

清初·王翚山水图轴

◎焦玉玲

王翚(1632–1717)，字石谷，号称烟散人、乌目山人、清晖老人等。江苏常熟人，清代著名画家。被称为清初“画圣”。与王鉴、王时敏、王原祁合称山水画“四王”。加上吴历、恽寿平合称“清初六家”或“四王吴恽 ”。王翚擅山水，其画笔意深厚，长于摹古，几可乱真。但又能不为成法所囿，作品富有写生意趣，构图多变，勾勒皴擦，渲染得法，格调明快，在“四王”中比较突出，其画在清代极负盛名。

王翚出身文人世家，自幼受家庭影响，喜欢绘画。因家贫为画商摹制古画出售。先拜同里张珂为师，专摹元代黄公望的山水画，先后又得到王鉴、王时敏的提携及悉心栽培，画艺骤进，声名鹊起。在游学王时敏时，摹仿李成、董源、巨然、米友仁、黄公望、吴镇、倪赞、王蒙、曹知白、陈汝言等宋元名家的典范图式，笔墨纯正，色彩清新，号称“集宋元大成”。

王翚的山水既师法古人，又师法自然。融汇南北诸家之长。王翚的作品，体貌是多变的，有水墨的，有浅绛的，有青绿的。其用笔也有粗细、浓淡、干湿之分，运用渲染法表现江南烟雨朦胧之意，是王翚的技法特色之一。王翚画山石用细硬笔密皴，点苔浓密是他的第二个特色。王翚常用的皴法有两类，一是以巨然为主的披麻皴，二是以范宽为主的雨点皴。他有时以一家皴法为主，有时兼用数家，艺术风貌完全不同。王翚的青绿设色极见功力，“体要严重，气要轻清”为王翚设色笔墨技法的第三个特色。所谓体要严重，就是山川树木等自然景界的分量要重，气要轻清，就是指设色笔墨等要融合统一，气氛清新。其水墨画往往触景生情，一挥而就，有大写意的情趣。

王翚在中国绘画史上占有不可忽视的历史地位。他是虞山画派的创始人，为虞山画派的“开山之父”。常熟有虞山，因有“虞山画派”之称。在中国绘画史上，“四王”的艺术一直代表着正统地位，其势力遍及全国。实际上，“四王”是一个统称，具体可分为两派。一为以王时敏、王原祁、王鉴为核心的“娄东画派”，二就是王翚的“虞山画派”。由于王翚的画风清秀工丽，内容雅俗共赏，很受人们的青睐和追捧。在中国美术史上，娄东画派和虞山画派同出一家法门，他们之间存在着师友亲属关系，在绘画风格和艺术思想上，均受董其昌影响。

康熙三十年(1691)，60岁的王翚由其画学弟子时任兵部左侍郎的宋骏业推荐，以布衣应召供奉内廷，绘制《康熙南巡图》三年完成。得到康熙帝的褒奖，被视为画之正宗。且与王原祁二人有“画圣”之称，一时声震南北，求购其画者源源不断，追随他的人也越来越多。

王翚的绘画影响画坛达二百余年，不仅对整个清代绘画艺术产生了巨大作用，而且在今天仍以其特殊方式继续发挥着不可忽视的影响。

王翚山水图，纸本水墨画。纵77.5厘米，横44厘米。此画作于清康熙十一年(1672)。此时王翚融南北诸家之长，绘画精湛，技法成熟，形成了沉厚凝重的个人风格。画面层峦叠翠，瀑布高悬。山间云海浮动，村庄若隐若现。长松茂树交错，山下溪水潺潺。山水树石烟云流畅，墨色层次分明，清隽雅逸。右上方楷书题款：“芙蓉一朵插天表，势压天下群山雄。壬子夏日仿北苑笔意，为自老年翁尊堂太老夫人六十荣寿。虞山石谷王翚”。钤印：朱白文“王翚之印”。济南市博物馆珍藏。

清乾隆·兽面纹黄玉扁瓶

◎杨冬梅

“玉以甘黄为上，羊脂次之；黄为中色，且不易得。”这是明代著名藏书家高濂对黄玉的评价。这里说的黄玉，是产于我国新疆若羌、青海昆仑山、辽宁岫岩等地黄色的软玉。这类黄玉其原本的基质为白玉，因长期受水中氧化铁的渗滤而形成黄色，故称其为黄玉。不同产地的黄玉具有不同的特质，主要表现在黄色色度的差异和玉温润程度的不同。根据其色度变化又名为：蜜蜡黄、栗色黄、秋葵黄、黄花黄、鸡蛋黄等。色泽浓重均匀的蜜蜡黄、栗色黄则极其罕见和珍稀，为玉中上品。众所周知，封建时期黄色象征皇权，乃皇家专属色。明代始，黄玉渐

成为皇家专属用玉。此时的权贵、士大夫赏玉、玩玉，也以黄玉为贵。所以，明清时期，上好的黄玉雕品非常珍贵。

清代是我国玉器雕琢、使用、品玩等集历代之大成的时代。而清代玉器的最高成就，则尽在乾隆一朝。这源自于最高统治者对玉的钟爱，进而对玉器制作从选材，到图案设计，再到雕琢技艺的高标准和严要求。“上有所好，下必效焉。”所以，乾隆时期用玉数量之大、雕琢技艺之精、品种之繁、图案设计之妙、纹饰之美，都达到了历史上空前的地步。此时期的玉器，尤其是宫廷制玉，精美无比、为世人所重。

济南市博物馆珍藏的清乾隆兽面纹黄玉扁瓶，通高 14.5 厘米，宽 12.4 厘米，厚 3.4 厘米，重 459 克。黄色均匀温润，呈现油脂般的光泽，有褐斑。瓶身瓶口均呈椭圆形。长颈，颈中部一周宽凸纹，凸纹上雕饰云纹。腹部稍阔，雕刻有兽面纹。覆斗形圈足较高。在瓶口上有椭圆形瓶盖，瓶盖上雕一趴伏的螭虎，尾部分叉，腿部以细阴线雕刻出被毛。在瓶身的下部，一侧镂雕椭圆形基座，上卧一只昂首独角瑞兽，另一侧雕刻山石形基座，上立一凤鸟，回首昂立，口衔灵芝，尾羽卷曲，俊美圆润。在瓶两侧如此的设计，别致少见，不仅使题材和内容更加丰富，更是增大了基座的着地面积，使竖立形状的瓶，不仅从感官和实际都更加稳妥。整件作品造型别致，唯美，内容丰富，寓意吉祥。雕工精致细腻，因瓶是中空的，所以雕琢难度更大。材质为上好的和田黄玉。

“玉瓶沽美酒，数里送君还。”李白用玉瓶沽酒，惜别友人。陆游则“漫向寒炉醉玉瓶，唤君同赏小窗明”即使醉拥玉瓶，也不忘唤友同赏月明。当然，李白和陆游诗句中的玉瓶是泛指，但也可指真的玉瓶。多数玉瓶都是中空并带盖，当然可以用来沽酒。但由于玉的特质和古人对玉的崇尚，用玉雕成的瓶，多是用来盛装贵重的琼浆玉液或药粉之类。雕刻精美而又体积较小的玉瓶，多半成为了摆件，只是用来观赏和品玩了。这件黄玉瓶，从整体造型来看，装饰性大于实用性。此瓶中空，可以用来盛装，但不适于频繁的倾倒，瓶两侧附加的装饰部分，不仅使整件器物看起来更加稳重，也更加具有摆件的特性。这件乾隆兽面纹黄玉扁瓶，是 20 世纪 70 年代购自济南市文物商店，经专家鉴定为国家一级文物。

始于遥远的新石器时代的琢玉和用玉，经过漫长的岁月打磨，被赋予了超越艺术品范畴的特殊含义。大地孕育出美石，聪慧勤劳的人们赋予它生命，让它的美丽绽放炫丽的光彩。这大自然与人类智慧的完美结合，确定了它无与伦比的魅力和独特的地位。在中国人的生活中，这种魅力必定会延绵不断、生生不息。

清代·乾隆三十年汪节庵造书匣形墨

◎杨 倩

墨是中国特有的书写工具，历代许多书画精品、史记典籍，得以流传至今，墨起了很大的作用。中国古代历史上最早记载墨的文献是《尚书》和《仪礼》，《尚书》记载了墨刑，《仪礼》记载了墨绳。

从墨字的结构来分析，古代的墨开始时是黑土（墨从黑从土），即土粉。随着社会发展和各种需求，从墨粉制成丸、梃，从用手团揉改为用墨模制成各种形状。

中国墨的起源应该在新石器时代，当时的黑陶和彩陶制作已经使用了最原始的墨。战国时，已出现手捏造墨。秦汉魏晋时期的墨用松烟和漆烟夹和而成。

据文献记载，东汉时期墨有大小规格之分，并以枚丸相计，也有墨香之称。唐和五代的制墨工艺日益完善，主要表现在两方面。一是制墨除了以烟和胶为主要原料外，又添加了珠粉、麝香、芙蓉花汁等，与烟和胶一同捣和，制出的墨不仅具有光泽和硬度，且具有防腐性和香气。二是发明了墨模。墨模的压力大，制出的墨形状丰富，质理坚实。宋元时期的制墨业是徽墨的天下。宋代制墨用松烟和油烟，墨中添加药物的方法也趋于完善。在艺术的加工上有了“盘龙鳞鬣”、“九子”和“犀角盘双龙”等。人们不但用墨，也开始藏墨，这更刺激了墨进一步向工艺品方向的发展。明清时期是制墨的高峰，不仅墨质优良，还出现了各种装潢精美的描金彩画墨品。制墨的选料、加工制作逐渐由简单趋向复杂；墨式装潢从朴素发展至繁复；形式风格从素墨、单块墨发展到彩墨、套墨、集锦墨等，成为具有民族特色的精美艺术珍品。在清代，以“徽墨”为代表的制墨业有个更进一步的发展。关于清墨的特色，恰如清代制墨名家汪节庵在《函璞斋墨品》中所说：“法制之良，椎炼之尽，今之不古；而金碧之华，烟麝之备，则古不如今。”可谓一语中的，道出了清墨的特征。

汪节庵，名宣礼，字蓉坞，安徽歙县人，“清代四大墨家”之一。他善制集锦墨，其墨“烟香自有龙麝气”，因而颇受欢迎。其墨常贮于雕龙描凤和彩色花卉的墨漆盒中，装潢精致，典雅华贵。济南市博物馆藏有清乾隆三十年汪节庵造不规则书匣形墨，长 8 厘米、宽 3.5 厘米、厚 1.3 厘米。正面书匣墨色，书卷端庄整齐，花纹装饰漱金填蓝飘逸富丽，右上侧竖排漱金阳文“乾隆三十年汪节庵造”。背面书匣墨色，书卷、花纹装饰亦漱金填蓝。汪节庵是清代“精鉴墨”方面的杰出代表，这类墨一般专供鉴赏，其造型多样，雕刻精美，铭款讲究，装潢华丽。此“乾隆三十年汪节庵造”墨，装饰别致，色彩艳丽华美，书香之气漫溢。

墨“黝如漆，轻如云，清如水，浑如岚；香如婕妤之体，不五蕴而馨；光如玄妻之发，不膏沐而鉴”，可浓妆淡抹，刚柔相济。更由于佳墨作书能“以润取妍，以躁取验”；作画能“运墨而五色俱”，达到色彩分明的奇妙效果。有了它，我国历代大量珍贵的书画艺术作品得以光耀千古；有了它，我国历代典籍、拓片能流传于后世，为文化繁荣昌盛提供了物质基础。

清嘉庆·粉彩三孔绶带葫芦瓶

◎孟 梅

葫芦谐音“福禄”，寓意洪福齐天，福禄双至。在人类数千年的发展历程中，葫芦逐步由“自然瓜果”转变为“人文瓜果”，形成了源远流长的葫芦文化。而由葫芦植物、葫芦瓷器所带来的葫芦文化，送给人们的永远是美好与吉祥，于是各朝各代的收藏爱好者都将葫芦瓷器列为珍藏品之一。

葫芦瓷瓶为南宋后期龙泉窑创制的瓶式，小口，短颈，瓶体由两截粘合而成，因形似葫芦，故而得名，传世极少。因名与“福禄”谐音，且器形像“吉”字，故又名“大吉瓶”，寓意大吉大利。元代起出现了八方葫芦瓶以及扁腹葫芦瓶等样式。

明代弘治以后的葫芦瓶式样增多。明嘉靖年间，因嘉靖皇帝笃信道教，好黄老之道，葫芦瓶的烧造盛极一时。除传统器形圆形外，有方、六方、八方、多棱形，还有蕴涵道家的“天圆地方”之意的上圆下方式。到了清代，葫芦瓶同样为帝王所钟爱，成为宫廷常见的陈设品，其制作也达到了鼎盛。康熙时期的葫芦瓶，直口略高于明代一般葫芦瓶的器口，上下圆腹较高。康熙时期还烧制出一种三节葫芦瓶，器型新颖，前所未见。雍正时期的葫芦瓶，口部微撇，器型上圆下方，方圈足，下腹矮扁，器底均署有花篆书官款。雍正时期新创一种三孔连身葫芦瓶，器身为三个同样的葫芦，联通一体，分别有三个口流，三孔同腹，小口，中腰紧收，三连弧式圈足，器型秀美，变化多端。

明清两代的葫芦瓶，品种主要有青花、五彩、粉彩、哥釉、蓝釉描金器、仿官窑、茶叶末釉等彩釉。其纹饰则颇具道教色彩，有八仙、八卦、缠枝莲、云鹤纹等，也有书写吉祥文字的。

济南市博物馆藏有一件清嘉庆时期的粉彩三孔绶带葫芦瓶，

瓶高 32.3 厘米，三孔口径均为 8.6 厘米，足径 12 厘米，为景德镇窑烧造。此瓶三瓶连身，三孔同腹，束腰。通体施青灰釉，以粉彩绘有花卉、葫芦、蝙蝠，其众多五彩缤纷的小葫芦，枝枝蔓蔓遍布全身。整件器物彩绘用色丰富，施彩雅艳，深浅浓淡，勾绘精细，层次分明。在束腰处以淡粉色绶带，将三瓶系合在一起，纽成蝴蝶花瓣形，自然飘逸的附着在瓶的下部凸现出来。绶带葫芦瓶是明清时代较流行的一种瓷瓶式样。葫芦与绶带寓意“福禄寿”，故绶带葫芦瓶又可称“福寿瓶”。

粉彩瓷器是在康熙五彩基础上，受珐琅彩制作工艺的影响而创造的一种釉上彩新品种，始见于康熙晚期，后历朝流行不衰。粉彩瓷的彩绘方法一般是在烧好的胎釉上施含砷物的粉底，涂上颜料后用笔洗开，由于砷的乳蚀作用颜色产生粉化效果，红彩变成粉红，绿彩变成淡绿，黄彩变成浅黄，其它颜色均变成不透明的浅色调，并可控制其加入量的多少来获得不同的色调，给人粉润柔和之感，故称这种釉上彩为“粉彩”。粉彩也叫“软彩”。据《陶雅》上说：“康熙硬彩，雍正软彩。”又据《饮流斋说瓷》中解释：“硬彩者彩色甚浓，釉付其上，微微凸起。软彩者又名粉彩，彩色稍淡，有粉匀之也。”

嘉庆朝的彩瓷以粉彩为主流，早期的粉彩还有乾隆朝的特点，比较精细，既有“百花不露地”的，也有彩地轧道开光的。嘉庆朝的精品如不看款识，很容易与乾隆朝作品相混淆，因此有“乾、嘉不分”的说法。嘉庆晚期的粉彩作品已走向衰退，所绘纹饰色彩较凝厚，略显呆滞，胎体稍厚重，器身不够精细规整，但也有不可埋没的佳作。嘉庆粉彩瓷常见纹饰有花卉、八宝、云龙、婴戏等，器型有瓶、笔筒、盘、碗、茶壶等。

济南市博物馆珍藏的此件嘉庆三孔绶带葫芦瓶，造型别样，比例协调，立体感极强。此瓶保持着乾隆时期的遗韵，虽不似乾隆时大气、精致，画风也不似乾隆时繁缛，但其稍显清新舒朗的笔法，釉层较为密致，为嘉庆中前期的作品。葫芦瓶上绘葫芦，瓶身瓜瓞绵绵，红丝绶带寓意吉祥，充分体现了乾隆时期“粉彩有图必有意，有图必有吉祥语”的特色，应是一件具有较高艺术水准，收藏价值甚高，又令人赏心悦目的艺术臻品。

清代·于阗采玉图玉山子

◎ 张　雯

汉代许慎在《说文解字》中对于玉有着这样的解释："玉，石之美者。"在漫长的岁月中，我们的祖先赋予"玉"的内涵无比深邃、无比广阔。人们用玉，也将玉的含义扩及语言、社会生活中的各个层面。中华民族早在远古时代便开创了制作、使用玉器的历史。极具东方特色，举世无双的中国玉器代表着中国灿烂辉煌的玉石文明，也是中华文明不可分割的组成部分。

玉不雕琢不成器，好的玉石需要琢玉工匠，以精湛的雕琢技艺，才能使其成为精美的艺术品。玉雕在我国有着悠久的历史，特别是到了汉代，西域交通更为畅通，玉器雕刻和使用极为普遍。宋代，宫廷中已经设有玉院。发展到明代绚丽多彩的玉雕极大地促进了玉器的发展，为清代玉雕走向鼎盛打下了坚实的基础。清代是宋以后，尤其是明代玉器风格的继承和发展，特别是在乾隆盛世，社会稳定，经济发展，城市繁荣，这一时期玉器作坊星罗密布，名匠层出不穷，玉料充足，工艺先进，皇家重视，民间普及。尤其是吸收了历代玉雕之长处，并有了新的创新和发展，极大地丰富了我国古代玉雕艺术，把中国古代玉器推向了以大、多、精为主要标志的又一鼎盛时期。

济南市博物馆所珍藏的"于阗采玉图玉山子"，是用一整块新疆和田玉雕琢而成（新疆和田古时称"于阗国"），玉色莹润，雕琢精巧，造型生动，寓意深刻，是乾隆时期宫廷造办处的精品佳作。玉山子高 12 厘米、宽 20.1 厘米、厚 8.2 厘米、重 2655 克。此器整体呈山形，作者以丰富的想象和细腻的写实巧妙地雕琢了采玉工采玉归来的情景。玉山子正面共分三层，从上到下分别雕琢有伞形乳石状、山石叠嶂与采玉工、阶梯与急流。中层的4个采玉工从洞穴中走出，其中有2人怀中各抱一块椭圆形玉料，后面2人则用扁担挑着一块硕大的玉料，4人脸上洋溢着喜悦，似在相互述说着采玉的经历和收获。玉山子背面镌刻有乾隆皇帝御题“于阗采玉”题记一首：“于阗采玉春复秋，用供正赋输皇州，奚者卞和识琳球，邮致正值金阊游，专诸巷中多妙手，琢磨无事大璞剖，古来记载真伪半，爱者欲其生，恶者欲其死，如是雌黄，唇吻纷无算。”台下有篆书“乙酉春御制”年款。印两方，篆书，一方“古春”，一方“太上”。现为国家一级文物。

山子，是清朝乾隆年间扬州玉工开创的玉雕品种，它将自然界的山水、人物、亭阁浓缩在玉石上，运用浮雕、圆雕、透雕、镂空等各种技法，表现远近、高低、上下不同层次的景物，实际上它是运用立体和透视的艺术效果将中国画的意境表现出来，为陈设玉器。

陈设玉器是指专门摆设观赏用的玉器，从唐代发展起来，到明清两代达到鼎盛。陈设玉器主要分两大类：一是仿古用品，一是时尚用品。仿古玉器主要是瓶、壶、鼎等，大部分是古代青铜器中的器型。时尚用品一般是根据当时的流行器型、题材创作雕刻的玉器成品。陈设玉器所用玉料要求极高，需要的玉料块度较大，玉质均匀，颜色统一。所涉及的题材广泛，有历史故事、民间传说、山水仙境、吉祥图案等，追求一种绘画意境和笔墨情趣。

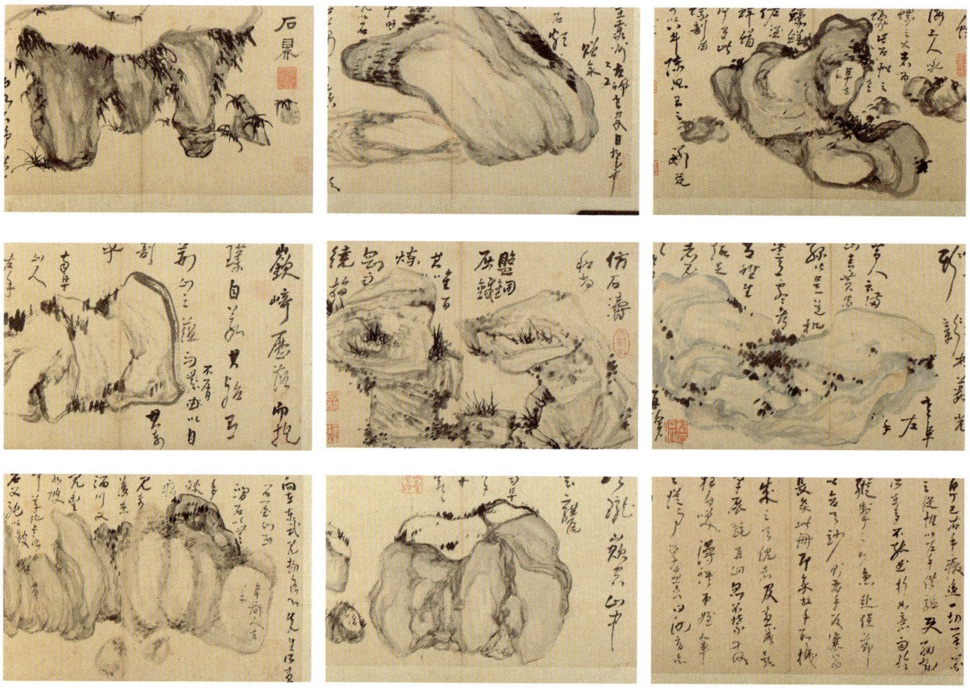

清代·高凤翰石册书画

◎ 刘小猗

高凤翰（1683–1749），字仲威，又字西园，号南村，晚号南阜山人，右臂病废后自号“后尚左生”“丁巳残人”“老痹”。山东胶州人，著名的扬州派书画家。幼承家学，才学出众，但在仕途上却坎坷偃蹇，后来虽短暂为官，却数次陷于诉讼甚至牢狱之中，终使其风痹病恶化，右手废残。但是，高凤翰以惊人的毅力，以左手创作，制印“一臂思扛鼎”以示意志之坚定。自此，他摆脱了险恶的官场，在扬州卖画为生，与扬州派大师相互切磋，十分投契，“西园左笔”也成了扬州画坛上的金花瑶草，为时人所珍重。其诗、书、画、印、制砚、雕刻等都有很高的造诣。

《石册》现藏于济南市博物馆，为高氏书画之珍品。纸本水墨册页，共九开，前八开均画石，第九开为后记，自述右手残废后以左手供驱使的状态，“促节以合天妙，则右手反让专长矣”。所以《石册》是其左手书画作品，很好的反映了高凤翰左手笔墨的独特风貌，具有很高的观赏价值和研究价值。

自古文人多爱石，文人爱石是其才情志向的自然流露。石为“天地之骨”“磊落有浩然之气”，这是文人爱石最好的诠释。而为石画像，以文做记，历历如数家珍，又足可见高南阜之爱石前无古人、独树一帜。南阜自题后记写道：“及画成，提笔展玩再四，忽不禁发狂自笑漫语”，深有自得之意。那么，我们展玩此册，则当于欣赏陶醉之处领略其独到的风骨才情及构图运笔之妙，更发掘其书画独特的美学价值。

《石册》画心尺寸:纵28厘米，横26厘米，整体尺寸：纵34厘米，横46.5厘米。

纵览《石册》中八幅作品，从构图、用笔到意境的创造都显示随意挥洒、自然天成的风貌。虽是画一石，却与整座云山无异，虽是写石之形，却有探究不尽的内蕴。第一、第二、第三、第五幅分别以“鼎”“藕”“瓜”“蠔”“瓮”做喻，凸显石特异的形象，第六幅、第八幅突出纹理之美，第五幅以形寓意，第七幅突出石的斑斓五彩。

从构图上看书、画、印、浑然一体，相映成趣。石是作品的中心，占据了画幅八成以上空间。提款书法随意附于石之周围，不拘于特定位置，有的在空白处，有的则藏于石中，率性挥洒，似雨落平川，墨迹自然流淌。画外之音、境外之境多能于题款中觅得一二。印章居一隅，却是画作的点睛。闲章落处，看似无意，恰是构图的补充或画作的题意或画意的延伸。落款印章“赏石山人”与画意也是同出一脉，如指路仙人突然现身，有总概画题之意。

笔墨特点，阔略纵逸、不拘一格。或皴或染或勾勒点苔或施色渲染，全依石之性状用笔。作者早年作画以工细见长，后期左手创作则破笔涂抹，染多皴少，更加自然和充满活力，渐近徐渭、朱耷、元济画风，老辣而归于雄浑。他曾自言“墨奇落想想亦奇，神工鬼斧天为师”“眼底名家学不来，晖山石鼓久尘埋”。山水画大师黄宾虹评道：“南阜老人画系全从青藤、白阳脱胎，晚年左腕参以籀古之法，自成一家。”

意境，借石抒怀，流露更多的是气节和风骨。作者所画石造型奇异，有奇崛不平之气势、浩然不屈之风骨。为石做传，借石自喻。《石册》第四幅，石呈敦厚质朴之状并无肖形怪异之态。“嵚崎历落而抱朴自若”则是作者的主观阐释，言有刚正磊落的品质而自甘纯朴，接下来的“殆有荆山之蕴而不屑以自剖其奇乎”更像是作者自言其志，清高以自守。

《石册》中，题款和印章在画面中占有很大的分量。其左笔书法的特有风格跃然纸上，“气息流走，奇趣横生。”（李既匋评）“善草书，圆劲飞动。”（张浦山评）。《广川书跋》评：“如夏云因风变化，乃无常势”。高凤翰的左手印，苍拙豪纵，直追汉秦，开齐鲁印派之先河。

《石册》画幅虽然不多，却集中体现了高凤翰左手书画的功力，其画石形态之奇异、色彩之雅洁、内蕴之饱满、联想之丰富、风骨之超凡，不愧为古今画石题材中之上品，在整个书画史上也属难得的艺术精品。

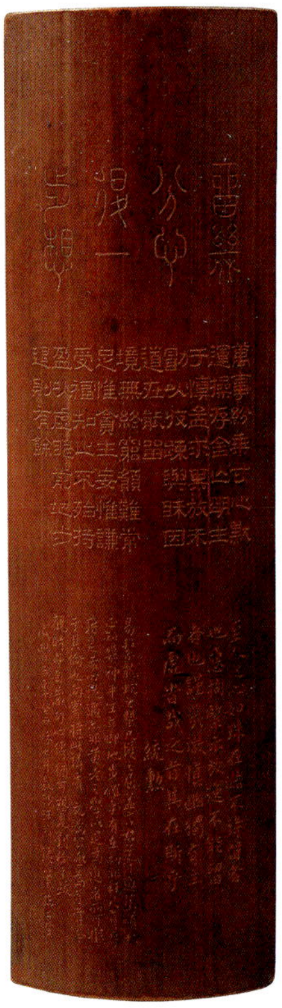

清咸丰·竹刻刘统勋楷书臂搁

◎周泓

臂搁是中国古代文人用来搁放手臂的文案用具，除了能够防止墨迹沾在衣袖上之外，垫着臂搁书写的时候，也会使腕部感到非常舒服。所以臂搁也称“腕搁”“枕臂”和“秘阁”。

臂搁的出现与古代的书写用具和书写方式有密切的关系。过去人们使用的是毛笔，书写格式自右向左，稍不留意，衣袖就会沾到墨迹，于是聪明的古代文人们发明了臂搁。据说，古代大考——科举考试时，为防舞弊，都是由相关人员誊写考生试卷。十几份试卷抄写下来，手臂累的不行。而有了臂搁的帮助就轻松多了。另外，文人墨客们在烈日炎炎的夏日挥毫泼墨时，将臂搁枕于臂下，一来可防止臂上汗水洇纸，二来由于竹子性凉，有祛暑功效，可得一时清爽，因而也有人将臂搁叫“竹夫人”。当然，长短与镇纸相近的臂搁，也可充当镇纸，压在纸上防止纸被风吹起。但臂搁究竟源于何时，至今并无一个准确的说法。北宋后期诗人谢薖在其《次韵郄子中所藏笔几》诗中写到：“小琴承臂笔纵横，章草真行随所欲”。这是对臂搁的较早描述。

臂搁的材质很多，有紫檀、紫砂、红木、象牙等。其中尤以竹制的为最多，也以竹制的为最精。其长度一般不会超过一尺，宽度大约为七、八厘米。因是枕臂之用，宜浅刻平雕，以刻制书画为主，题材有诗、词、歌、赋、对联、警句、座右铭等。书法方面有草、篆、楷、隶等。绘画方面有山水、人物、走兽等。正是因为有了这些，才使一块原本貌不惊人的臂搁，产生了化腐朽为神奇的华丽转身。从这些泛红烁紫的臂搁中，我们可以遥想当年文友相聚时的翰墨书香，吟诗作画的雅兴；也可体味古人心情烦躁或精神疲惫之际，独坐书斋，手抚臂搁闭目神思之逸趣。

竹刻刘统勋楷书臂搁，清咸丰，长 18.4 厘米，宽 4.9 厘米，厚 0.9 厘米，济南市博物馆藏。

刘统勋（1698—1773），字延清，号尔钝，山东诸城（今山东高密）人。出身于书香世家，祖父、父亲皆为进士出身。其长子刘墉，更是深得乾隆赏识，官居宰相。雍正二年（1724）刘统勋中进士，历任刑部尚书、工部尚书、吏部尚书、内阁大学士、翰林院掌院学士及军机大臣等要职。刘统勋官至宰相，为政四十余载，清廉正直、敢于直谏，在吏治、军事、治河等方面均有显著政绩。乾隆三十八年（1773）猝逝于上朝途中。乾隆皇帝闻讯慨叹失去股肱之臣，追授太傅，谥号文正。这是文臣身后可以得到的最高谥号。在清朝 270 余年历史上，仅有八位文臣获得这一荣誉。个人著有《文正公诗集》。

此臂搁由竹雕刻而成，形制规整，色泽均匀，凸面上部雕刻篆字两排："留几分心，退一步想"；中部隶书七行："万事纷乘，存心默运；操存舍亡，明生与慎；孟求其放，朱勖以收；疏于昧因，道在能留。境无终穷，愿难常足；惟贪生妄，惟谦受福；知止不殆，持盈以虚；眼前地步，退则有余。"下部左右楷书共十排。右侧文："至人之心，如珠在渊，不待留者也；恶拘紧，示放逸，不能留者也；谨几微，慎幽独，有主而虚，时哉之旨，其在斯乎！"款："统勋"。左侧文："《易·系》：龙蛇之蛰，尺蠖之屈"，盖言君子守道笃顺时正知几神，平生立脚地步确乎有。在初，非枉尺直寻藉是希心，诡遇亦非黄老之学，以退为进者，所可拟于其伦也。向尝持此请质。文端公亟为首肯，令观时斋自藏句心传，犹可想见。刘伦手跋。"落款："咸丰三年癸丑秋七月长沙汪蔚铁临摹。"

臂搁不是书房中的必需品，不一定每位文人都备有，它不像笔墨纸砚那样是书房里的必备用具。只有那些有情趣的、有经济能力的人才会使用、收藏它。所以臂搁在文房用品中属于锦上添花的东西，是书房里的奢侈品。

清代·金农刻铭梅花纹端砚

◎尚海波

自古以来，文人恃文墨为生，所以传统文房四宝中的砚，又被称为“砚田”。砚的起源甚早，其前身为新石器时代的研磨具，而迄今所知最古的成型石砚出土于湖北云梦睡虎地秦墓。早期砚注重功能性，至唐宋时期，文人开始关注砚的造型与用材，端砚、歙砚、洮河砚、澄泥砚等为世所重。明清时期是砚史的高峰，不但形制多样，选材亦应有尽有。一方匠心独运的砚台往往蕴含了雕刻、绘画、书法、历史、文学等丰富的内容，充分抒发着文人雅士的情怀和意趣。随着社会的进步，砚的作用超出了文具范畴，逐渐从一种工具演变成文人墨客争先珍藏的艺术品。上到帝王将相，下到黎民百姓，凡是求知之人必爱砚。

济南市博物馆第一任馆长姜守迁先生，是山东省著名的砚石收藏家、鉴赏家。不但擅书法，工诗词，更喜收藏。其中，他对砚石的鉴赏和研究，可谓独具慧眼，所藏砚品均极为珍贵。他取苏东坡砚铭将自己的居室命名为“斯珍馆”，自号“斯珍馆翁”。此名取自苏东坡砚铭：“千夫挽绠，百夫运斤，篝火下缒，以出斯珍”。为了收藏，他一生节衣缩食，生活极其简朴，生前多次向国家捐献文物。1984 年，他的夫人及子女遵姜老遗愿，再次捐献古砚

10方以及一批名人墨迹、碑帖、书籍等，其中包括若干国家一级文物。这批现珍藏于济南市博物馆的文物中，有一方砚台集金农诗、书、画、篆刻、制作于一体，弥足珍贵，今与大家共赏。

清金农刻铭梅花纹端砚，椭圆形，长13.4厘米，宽13.4厘米，厚3.6厘米，端石细润、纯净，色黑紫。砚面浅浮雕梅花纹，梅瓣巧作砚池，砚膛平坦光滑。砚背亦雕刻粗枝梅朵，梅枝横斜、伸展，透出一股清寒之韵，意境高格。旁侧刻有金农楷书题铭："作梅之妙在广陵，得二友焉。汪巢林作繁枝，高西唐作疏枝，皆是世上不食烟火人。予作此而制砚也，居然不疏不繁之间，观者拟我丁野堂一流，俨然如在江路酸香之中也。冬心先生农画记刻"。钤印"寿门"。此砚1953年由姜守迂先生收入"斯珍馆"。砚盒系整块楠木挖成，为原配。

金农（1687—1763），清代书画家，扬州八怪之首。字寿门，号冬心先生、百二砚田富翁等，钱塘（今浙江杭州）人，布衣终身。好游历，晚寓扬州，卖书画自给。工诗文书法，并精于鉴赏。书法创扁笔书体，兼有楷、隶体势，时称"漆书"。五十岁开始从事绘画创作，其画造型奇古，善用淡墨干笔作花卉小品，尤工画梅。著有《冬心先生集》《冬心杂画题记》《冬心斋砚铭》等等。金农是扬州八怪的核心人物，在诗、书、画、印以及琴曲、鉴赏、收藏方面都称得上是大家。砚铭中提到的汪巢林、高西唐（高翔）都为扬州八怪之一，且均系画梅高手。丁野堂是宋代画家，善画梅竹。砚铭中以三位画梅大家作比，道出了自己"江路野梅"的绘画风格，即粗枝大叶，气势非凡，颇类其恃才傲物的性格。据砚铭可知，此砚为金农所制，所雕之梅及所写诗文均出自金农之手，实为难得。同时又兼有姜守迂先生收藏和捐献的佳话，因而十分珍贵。

正是姜守迂先生无私的精神，才使得我们有机会得以欣赏到如此精美的文物。透过这方石砚，姜先生高尚的品格、对国家对社会高度的责任感，也必将会教育和感动更多的人。

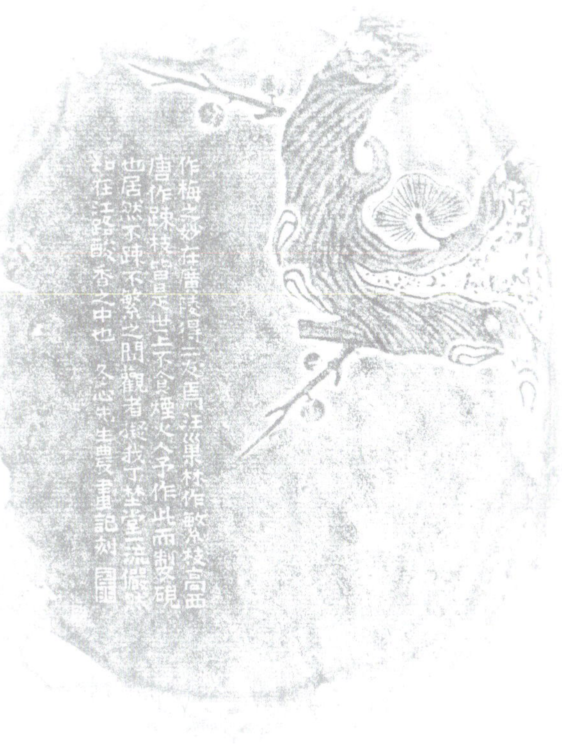

1997—2017年展览目录

1997年

01. 红岩魂——白公馆、渣滓洞革命先烈斗争史展览
02. 山东省民间收藏艺术作品展
03. 青岛市书画作品展
04. 十一城市书画艺术联谊展
05. 山东省老干部摄影作品展
06. 山东省宗教界书画作品展
07. “迎香港回归”摄影作品展
08. 老舍文学创作生涯展
09. 济南征集文物汇报展
10. 济南市博物馆馆藏佛教造像艺术陈列展

1998年

01. “伟人周恩来”生平业绩图片展
02. 纪念周恩来百年诞辰书画作品展
03. 庞德法手书“邓小平伟大光辉的一生”作品展
04. 第二回中日女书画家作品交流展
05. 刘万年书画作品展
06. 崔健个人书画作品展
07. 迈向21世纪的济南——济南解放50周年和改革开放20周年成就展

1999年

01. 佛教艺术文化大展
02. 成城中国画展
03. 目击暴行——人民日报战地记者吕岩松新闻摄影展
04. 张旭之书画展
05. 山东省政法委庆祝建国50周年书画作品展

06. 馆藏古代书画精品展

07. 元代壁画墓陈列艺术展

08.“泉城一日”摄影展

09.“迎澳门回归”图片摄影展

10. 名人茶馆书画展

2000 年

01. 馆藏古代铜镜鉴赏展

02. 馆藏清末画家松年作品展

03. 景德镇瓷艺展

04. 杜华艺术作品展

05. 瓷刻鉴赏展

06. 新世纪之光——华夏魂诗书画精品邀请展

07.“遵守交规 珍爱生命”图片展

08. 于太昌、王喜、王建文、周邦法、周群、杨宇全书画联谊展

09. 航天科普巡回展

10. 济南市文化局老干部书画展

2001 年

01. 十人书画艺术联谊展

02. 洛庄汉王陵部分出土文物展

03. 宝马华车 金钟嘉磬——洛庄汉墓首期出土文物精品展

04. 古城辉煌——济南历史暨馆藏文物展览

2002 年

01.“济南泉水甲天下”摄影作品展

02.“蜜蜂与人类”健康科普展

03. 济南市区出土文物精品展

04.“喜迎十六大”济南首届老年书画作品展

2003 年

01. 即合·归心——济南四门塔阿閦佛造像修复纪实展览
02. 山东省纪念学习雷锋活动 40 周年图片展
03. “抗击非典”美术书法摄影展
04. 薄自洋“齐鲁名家”雕塑作品展
05. 济南县西巷出土佛教造像精品展
06. 唐宋·遗韵——李连生、李岩父子书画展
07. 邹德忠书法艺术展
08. 古瓷寻珍——馆藏瓷器精品展
09. 馆藏明清书画精品展
10. 美丽的昆虫活体标本展

2004 年

01. 历城武县书画艺术展
02. 蒋连砧书画作品展
03. 盛洪义书画篆刻作品展
04. 古代体育图片展
05. 济南体育事业发展成就展
06. 庞德法手书“邓小平文选”第三卷全文展
07. 春天的故事——纪念邓小平诞辰 100 周年书画大展
08. 婉约词宗——李清早诞辰 920 周年纪念展
09. 庆祝山东广播电视报创刊 50 周年书画展
10. 馆藏国宝特别鉴赏周展览
11. 馆藏明清书画展
12. 马玉国书法艺术作品展
13. 徐怀玉画展
14. 大型海洋珍奇贝壳科普展

2005 年

01. 馆藏古砚珍赏展
02. 鸡年·吉祥·吉联——迎新春馆店对联珍藏展

03. 重返侏罗纪——济南大型活体恐龙展

04. 首届山东女子学院济南分院毕业生作品展

05. 丛耸国画展

06. 滕长富红色文献收藏展

07. 纪念抗日战争胜利 60 周年暨世界反法西斯战争胜利图片展

08. 纪念抗日战争胜利 60 周年暨世界反法西斯战争胜利书法绘画展

09. 野生鸟类科普展

10. 野生动物活体标本展

11.“风雨同舟六十年”书画展

12. 馆藏珍贵文物元代木雕力士像特展

13. 山东文博系统迎新春书画展

14. 奇妙的昆虫展

2006 年

01. 馆藏扬州画派作品展

02. 济南市迎新春民间工艺美术作品展

03. 清末画家松年作品展

04. 海洋生物科普展

05. 纪念李清照书画展

06. 世界名枪博览——中国载人航天暨海陆军事科教展

07. 纪念“五三惨案”图片展

08. 弘扬孝道文化 共建和谐社会

09. 相约文博会——汉方陶艺展

10. 第二届山东女子学院济南分院毕业生作品展

11. 首届“迎六一”少儿书画摄影获奖作品展

12. 济南画院弭菊田、闫学增、王丙龙、王天池四人书画作品展

13. 相约文博会——李兴堂皮影艺术展

14. 建设社会主义新农村摄影展

15. 庆祝中国共产党建党 85 周年图片展

16. 馆藏清代彩瓷臻品展

17. 李克昌综合艺术展

18. 著名书画家王天池遗作展

19. 纪念红军长征胜利 70 周年图片展

20. 济南县西巷新出土文物特展

21. 了解海洋 热爱海洋 走进海洋——大型海洋生物科普展
22. 2006 年度全国当代花鸟画家提名展
23. 济南名士书画院揭牌暨首届作品展
24. 古代幽默滑稽文物图片展
25. 林泉之心——济南老年大学 12 人中国山水画作品展
26. 何晓铮师徒面塑艺术展
27. 建设和谐社会——山东文博书画院名家作品联展
28. 济南市博物馆藏明清书画展赴深圳博物馆展出
29. 济南市博物馆藏明清书画展赴番禺博物馆展出

2007 年

01. 济南市迎新春书画展
02. 济南市博物馆馆藏明清书画精品汇报展
03. 中华历代匾额珍品展
04. 王天池先生铜像落成书画精品展
05. 野生鸟类标本科普展
06. “庆五一”暨山东省将军书画院成立十周年书画联展
07. 载人飞船、火箭、卫星、尖端武器模型展
08. 了解昆虫、了解自然、保护家园科普展
09. 花开四季 墨润泉城——书画名家百人展
10. 迎六一第二届少儿书画摄影获奖作品展
11. 海洋生物科普大展
12. 家山印象——邹本洪水墨作品展
13. 薄自洋泥塑作品艺术展
14. 济南市安全文化建设书画展
15. 庆祝香港回归祖国十周年图片展
16. 军旗飘飘——全国楹联书画展
17. 中国国家博物馆清康雍乾盛世皇家名瓷展
18. 庆八一“百名将军书兵法”展览
19. 是非空间——当代中国画精品展
20. 徐悲鸿高足——台湾著名画家王农先生国画珍品展
21. 稼轩魂——爱国词人辛弃疾逝世 800 周年纪念展
22. 济南市文化系统庆祝党的十七大胜利召开书画展
23. 清韵——国画人体艺术展

24. 首届山东省中外艺术扑克精品展
25. 盛洪义列入名人档案书画作品展
26. 国画家汪稼华画展
27. 鹊华墨讯——当代中国山水画名家提名邀请展
28. 山东省首届孔子茶文化节书画展
29. 山东省民俗学会成立 20 周年成果展
30. “新视觉 -07 印象”中老年摄影大赛作品展
31. 姜守迁先生诞辰 110 周年捐献文物纪念展
32. 王昭善——师生艺术作品展
33. 纪念毛泽东诞辰 114 周年——刘国福书法展

2008 年

01. 迎新春书画精品拍卖会特展
02. 馆·店藏清代百幅花鸟画作品新春大展
03. 庆祝历城书画院建院 10 周年书画作品邀请展
04. 济南市首届剪纸艺术展
05. 光○影——薛勇、徐冰当代中国青年油画展
06. 兵马俑文化品展览
07. 昆虫科普展
08. 济南“五三惨案”80 周年纪念展
09. 风雨同舟 继往开来——济南市纪念中共中央“五一口号”60 周年多党合作成果图片展
10. 济南市首届“驴行天下”摄影作品展
11. 暑期少儿书画艺术展
12. “为奥运喝彩”济南市美术书法作品展
13. 济南市女画家作品展
14. 山东省文物普查摄影展
15. 北齐元代壁画墓作品展
16. 红色收藏——庆祝济南解放 60 周年
17. 山东省“祝甸杯”建设和谐家园摄影作品展
18. 济南市中老年书画展暨美术摄影采风写生展
19. 首届“老船长杯”名家书画作品邀请展
20. 全市文化系统廉政文化书画摄影展
21. 文苑风采——庆祝济南市博物馆建馆 50 周年职工艺术作品暨研究成果展
22. 博古撷采——济南市博物馆建馆 50 周年馆藏文物瑰宝展

23. 泉都华彩·全国名家书画作品特邀展

2009 年

01. 馆藏明清书法作品展
02. 博物馆里的宝——文房用具精品展
03. 济南市第二届“驴行天下”摄影作品展
04. “专业画家作品进家庭”文化惠民工程大型书画展
05. 济南市非物质文化遗产分布图特展
06. 山艺 05 级中国画山水花鸟工作室作品汇报展
07. 庆祝建国 60 周年济南名士书画院丛书精品展
08. 迎全运庆建国 60 周年何派面塑师徒展
09. 扬州画派作品青岛、郑州、济南市博物馆联展
10. 济南经济广播电台“个人收藏展”
11. 济南市人大迎国庆书法作品展
12. 吴泽浩、孟宪杰捐献书画作品展
13. 北京“古玉阁”馆藏高古玉精品展
14. “庆国庆迎全运”济南重要考古发现特展
15. 孔子第七十四代孔繁祥书法作品展
16. 迎全运个人剪纸艺术展
17. 济南市中老年美术书法摄影作品展
18. 风华展现——中国古代家具藏家展
19. 中华玉器考古拾缀——个人收藏玉器标本展
20. 首届当代中国工艺美术大师景泰蓝获奖珍品展
21. 墨讯——莫名雅集五周年书法特展
22. 山东省第三次文物普查成果展

2010 年

01. 迎元旦书法绘画展
02. “小于宝贝”创意美术与济南青年美术家作品联展
03. 纪念济南市美术家协会成立 30 周年济南市美术家协会会员作品展
04. 珍品石缘·中华国石精品展
05. 山东文博书画名家迎春展
06. 宇宙奥妙科普展

07. 日本国偶人展览

08. 世界遗产在中国图片展

09. 景德镇名家陶瓷臻品艺术展

10. 石刻史书——宁夏岩画

11. 济南市少儿书画摄影作品展

12. 寻找生活之美——山东艺术学院建校 18 周年师生作品联展

13. 中国·山东——首届钢琴文化展

14. 翰墨春秋——馆藏近现代书法精品展

15. 农工党山东省委庆祝建党八十周年书画摄影展

16. 济南市民间书画研究会——迎国庆书画作品展

17. 薄子洋雕塑艺术 50 年作品捐赠展

18. 全运会一周年书画篆刻百米长卷展

19. 博物馆里的宝——瓷瓶遗珍

20. 济南市中老年艺术摄影展

21. 秦始皇兵马俑大型科普展

22. 国之瑰宝——中国寿山石雕大师艺术精品展

23. 吾我精神——苏宁个人画展

24. 济南市教育系统廉政书画摄影展

2011 年

01. 龙山文化时期古玉器展

02. 山东文博书画研究会迎新春名家邀请展

03. 济南名士书画院建院五周年作品展

04. “多彩生活·美好济南”迎新春书法楹联展

05. 博物馆里的宝——玉器集萃

06. 盛洪义书法展

07. 王光先百幅写意花鸟画展

08. 时在阳春——王辉亮 弭金冬 谢朝林 张豪 周群五人书画联展

09. “走进错觉艺术幻妙的世界”图片展

10. 墨韵丹青——馆藏近现代绘画精品展

11. 博物馆里的宝文物图片展

12. 济南市少儿书画作品展

13. 济南市庆祝建党 90 周年——“美丽瞬间”摄影艺术展

14. 追寻历史 传承文明——济南市第三次文物普查成果展

15. 庆祝中国共产党建党 90 周年济南市廉政建设书法美术摄影展

16. “喜迎十一节·颂歌献给党”书画剪纸艺术展

17. 济南市文广新局庆祝建党 90 周年书法作品展

18. 济南市人大庆祝建党九十周年书法绘画作品展

19. 开天辟地大事变——中国共产党创建史图片展

20. 济南市华夏文化促进会庆祝中国共产党成立 90 周年油画水彩画作品展

21. 著名花鸟画家杨大仟国画展

22. “在天堂里读书”摄影展

23. 华夏促进委员会庆国庆书画作品展

24. 丹青墨宝书党魂——全市中老年书画展

25. 博物馆里的宝——青花瓷韵

26. “革命·再革命”从兴中会到广州政权——辛亥革命 100 周年纪念展

27. 济南 72 名泉书画展

2012 年

01. 博物馆里的宝——百扇摭珍

02. 水墨华章——吴泽浩先生捐赠绘画作品展

03. 温故知新——王鹏先生紫砂壶收藏臻品展

04. 外交史上第一人——蔡公时烈士纪念展

05. 博物馆里的宝——单色釉瓷展

06. 博物馆里的宝——馆藏清代山水画展

07. 第十届中韩书法交流展

08. 第十届中国艺术节全国优秀美术作品济南市作品选拔展

09. 鲁之灵光——馆藏丁佛言书法艺术精品展

10. 两岸同根 翰墨同馨——首届济南·台中书画交流展

11. 济南名士书画院“喜迎十八大 翰墨抒情怀”书画展

12. 济南市博物馆藏明代书画赴八大山人纪念馆特展

13. 济南市人大庆国庆、喜迎十八大书画展

14. “大海杯”欢度国庆节、喜迎十八大书画展

15. “相约十艺节”倒计时一周年美术、书法、雕塑展

16. 孝文化主题艺术展

17. 台湾中华国际文化艺术交流协会“第九届国际名家美展济南展”

18. 喜迎十八大·盛世绘丹青——济南市政协美术书法作品展

19. 喜迎十八大济南老城印象图片展

20. 纪念毛泽东诞辰 119 周年——张守义剪纸艺术展
21. 纪念齐白石诞辰 150 周年癸巳新春名家作品邀请展

2013 年

01. 齐鲁行·松风入耳——聂松山水艺术展
02. 铁骨铮铮 中华瑰宝——元代青花瓷器精品展
03. 任星航钧瓷作品展
04. 董復昶书法作品展
05. 聂松个人扇面画作品展
06. 宁静的辉煌——店藏玉器臻品展
07. 博物馆里的宝——馆藏丁佛言书法艺术楹联展
08. 迎新春少儿书法作品展
09. 穿越——中国宣纸艺术视觉新形态创意展
10. 泺源华章——济南城市考古成果展
11. 第三届山东女子学院济南分院毕业生作品展
12. 激励书画教育济南市首届少儿书画展
13. “舞文弄墨方寸间”少儿团扇书画艺术展
14. 济南军区八人书画展
15. 庆七一清风书画展
16. 秦元增书画作品展
17. 灵谷紫砂——倪顺生、许中芳师徒作品展
18. 济南新 72 名泉诗书法展
19. 名泉名人名扬天下——相约十艺节济南书画名家作品展
20. 济南市人大庆“十艺节”书画作品展
21. 海贸遗珍——清代广州外销艺术品展
22. 水墨印象——八大山人书画碑拓展
23. 老城根文化展览
24. 山东省第五届儿童少年书画摄影大赛获奖作品展
25. 博物馆里的宝——文房用具图片展
26. 首届山东民间文物精品展
27. 纪念毛泽东诞辰 120 周年“7501”毛瓷再创新辉煌

2014 年

01. 民国政要——海南石刻遗墨展
02. 铜镜中的中国古代社会影像——武汉博物馆馆藏铜镜精品展
03. 红木家具展
04. “与共和国同命运”全国巡回（济南）展
05. 济南名士书画院甲午作品展
06. 博物馆里的宝——清代彩瓷碗精品展
07. 鲁韵丹青——馆藏现代山东书画家作品展
08. 鹊华春润——国画名家七人展
09. 山东当代花鸟画院名家书画邀请展
10. 思接千载·绘古圣先贤　写诗情画意——杜春生画展
11. 氤氲气象 大美胜境——秦元增山水画展
12. “当当猴”少儿艺术中心作品展
13. 庆六一少儿书画精品展
14. 第二届文博杯少儿书画作品展
15. 济南老舍纪念馆陈列展览
16. 融合中西·传承国学——王立志画展
17. 中国共产党创建史展
18. 纪念济南市人民代表大会成立 60 周年书画展
19. 水墨华章——第二届当代中青年美术家学术提名展
20. 瓷韵泉情——创意陶瓷作品展
21. 齐风鲁韵——山东省实力派青年书画家精品展
22. 山东民间文物精品杂项展
23. 甲午海祭——吴泽浩画展
24. 任尚小楷书法展
25. 西风东鉴——徐子清山水画全省巡展
26. 聂达路花鸟画全省巡回展
27. 莹秀润泽——馆藏瓷盘珍品展
28. 第四届全国刻铜文房艺术展
29. 庆祝孔府书画院建院二十周年暨海峡两岸双百精品名家书画联展
30. 饿食烟霞柏——真龙法师写经展
31. 丹青妙韵——馆藏古代人物画精品展
32. 莘耕七子——书法刻字全国巡回（济南）展

33. 济南陶瓷艺术作品展暨首届济南陶瓷艺术设计创新展

34. 同乡情书画展

35. 荆水流觞——滕州六人书法巡展

36. 传承·探索——中国书画名家作品邀请展

2015 年

01. 梁永成、唐显义元旦书画展

02. 泉城风情——济南市美术书法作品展

03. 水墨问道——张德新个人书画展

04. 学院实力派硕博翰墨联展

05. 南红通史鉴藏展

06. 龙山文化艺术研究院签约艺术家书画作品展

07. 迎新春——沙俊杰国画精品展

08. 山东当代花鸟画院——四老画展

09. 竹韵——馆藏清代竹刻艺术展

10. 喜迎新春馆藏楹联书法精品展

11. 瑞玉呈祥——古代玉器臻品展

12. 童心童画——2015 济南市博物馆少儿创意绘画交流展

13. 雷锋同志先进事迹展

14. 当代翰墨——齐鲁书画名家十人展

15. 格拉唐卡艺术全国巡回（山东）展

16. 首届中国龙山黑陶版权作品展

17. 铭记历史 珍视和平——“济南惨案”历史图片展

18. 翰墨溢香——师生国画展

19. 松风鸣雷雪作泓——宋元茶盏精品展

20. 春风桃李——第四届山东艺术学院中国书画研究生课程高级研修班暨第二届中国书画研究生课程创作研修班作品展

21. 东方色彩·六一儿童画展

22. 盛夏泉城——名家书画邀请展

23. 老舍夫妇伉俪及北京老舍纪念馆馆藏书画精品展

24. 拂光朗熠——馆藏清代铜胎掐丝珐琅器展

25. 妙笔丹青——馆藏人物画臻品展

26. 夏日清风书画展

27. 山河壮哉·北山五子中国画展

28. 翰墨古韵——国际古文字书法济南邀请展

29. 伟大贡献——中国与世界反法西斯战争图片展

30. 艺苑撷英——名家书画作品展

31. 大义中华——纪念抗战胜利 70 周年暨世界反法西斯战争胜利 70 周年书画展

32. 纪念李钟馀先生诞辰 100 周年书画作品展

33. 济水乘舟——卢士杰、王洪波、王邕、张健作品展

34. 冯增木个人画展

35. 庆祝民进成立 70 周年书画展

36. 山东省第二届“梦想起航”人文艺术作品大赛展

37. “博物馆之梦”——2015 少儿创意绘画作品展

2016 年

01. 济南市博物馆职工书画篆刻摄影作品展

02. 锦绣泉城——当代书画名家邀请展

03. 掌中珍玩鼻烟壶——武汉博物馆馆藏鼻烟壶展

04. 新岁维祺 墨舞东方——齐鲁六大名家邀请展

05. “金猴送瑞 美猴迎春”——济南市博物馆少儿画年会作品展

06. 瓶之韵——馆藏古代瓷瓶瑰宝展

07. 翰墨飘香——迎新春馆藏花鸟画精品展

08. 济南·蓝——迎春书画展

09. 传承雷锋精神 创造亮丽人生——纪念雷锋同志先进事迹图片展

10. 赏鸟识鸟爱鸟护鸟·野生鸟类摄影艺术展

11. 砚林撷珍——馆藏古代砚台精品展

12. 冯增木学生绘画作品展

13. 济南“五三惨案”历史图片展

14. 永远跟党走——庆祝中国共产党建党 95 周年图片展

15. 赵文婧剪纸艺术作品展

16. 王羲之书法院第三届书法创作高级研修班学员结业汇报展

17. 历城一中师生校庆书画作品展

18. 惟薛有序 于斯千年——古薛国历史文化展

19. 纪念红军长征 80 周年书画展

20. 庆祝中国共产党建党 95 周年景德镇陶瓷当代名人名作臻品展

21. “济南七十二名士”周群绘画作品展

22. 竹韵——济南市博物馆馆藏清代竹刻艺术展赴武汉博物馆展出

23. 庆祝中国共产党建党 95 周年济南文博书画齐鲁行巡展（济南市博物馆站）
24. 庆祝中国共产党建党 95 周年济南文博书画齐鲁行巡展（商河县博物馆站）
25. 庆祝中国共产党建党 95 周年济南文博书画齐鲁行巡展（济阳县博物馆站）
26. 庆祝中国共产党建党 95 周年济南文博书画齐鲁行巡展（兖州博物馆站）
27. 庆祝中国共产党建党 95 周年济南文博书画齐鲁行巡展（平度市博物馆站）
28. 庆祝中国共产党建党 95 周年济南文博书画齐鲁行巡展（青岛市博物馆站）
29. 庆祝中国共产党建党 95 周年济南文博书画齐鲁行巡展（诸城市博物馆站）

2017 年

01. 济南历史文化名城展
02. 正本溯源——馆藏明清古书画真伪对比展
03. 昆虫摄影艺术展
04. 三生墨韵——李长三个人画展
05. 尽游天地间——冯增木近作小品迎春展
06. 岱岳情——公信明先生书法展
07. 鸡年大吉——少儿春联汇
08. 瓷韵溢彩——馆藏古代瓷盘臻品展
09. 永远的雷锋——纪念雷锋同志先进事迹图片展
10. 木影流光——福建金漆木雕展
11. 案上珍萃——馆藏古代文房用具精品展
12. 明代张翀“饮中八仙图屏”高仿作品展
13. 当当猴·墨缘——第四届少儿书画展
14. 世界生肖邮票精品展
15. 泉城清风——济南市博物馆藏清廉主题书画展
16. 山东省“全国十大考古新发现”图片展
17. 竹韵——馆藏清代竹刻艺术展赴福建民俗博物馆展出
18. 聆听历史悠远的回声——山东省刘氏古钟表博物馆藏钟表精品展
19. 喜迎中国共产党十九大胜利召开书画名家邀请展
20. 走进大师——于希宁艺术展
21. 景德镇陶瓷当代名人名作臻品展
22. 正本溯源——济南市博物馆藏明清书画真伪对比展赴济南市美术馆展出
23. 古风新韵——周群先生书画作品展赴常熟展出
24. 汉画孔子——画像石拓片展

后　记

呈现在读者面前的《济南市博物馆精品陈列选粹》一书，记录了济南市博物馆陈列展览砥砺前行的奋斗历程。它凝聚着文博工作者的辛勤汗水，寄托着陈列展览设计者对济南市博物馆和文博事业的祝福与热爱。

本书遴选的部分展览，只是陈列展览道路上留下的雪泥鸿爪，相信今后会有更多更好的陈列展览奉献给广大观众，在繁荣地方文化推进社会文明发展进程中发挥更大的作用。

此书的出版，得到了济南市文化广电新闻出版局、济南市文物局的大力支持，在此一并表示衷心感谢。

书中若有疏漏及不当之处敬请广大读者批评指正。

编者

二〇一八年五月

图书在版编目（CIP）数据

济南市博物馆精品陈列选粹 / 济南市博物馆编. --
北京：方志出版社，2018.5
ISBN 978-7-5144-3059-2

Ⅰ.①济…　Ⅱ.①济…　Ⅲ.①博物馆-陈列品-济南
-图录 Ⅳ. ①G269.275.21-64

中国版本图书馆CIP数据核字（2018）第084945号

济南市博物馆精品陈列选粹

编　　者：济南市博物馆
责任编辑：王　品

出 版 人：冀祥德
出 版 者：方志出版社
　　地址　北京市朝阳区潘家园东里9号（国家方志馆4层）
　　邮编　100021
　　网址　http://www.fzph.org
发　　行：方志出版社图书经销中心
　　电话（010）67110500
经　　销：各地新华书店
印　　刷：济南黄氏印务有限公司

开　　本：889×1194　　1/16
印　　张：14.25
字　　数：50千字
版　　次：2018年5月第1版　　2018年5月第1次印刷
印　　数：0001～1000册
ISBN　978-7-5144-3059-2　　定价：188.00元